Juan Uslé
Soñé que revelabas

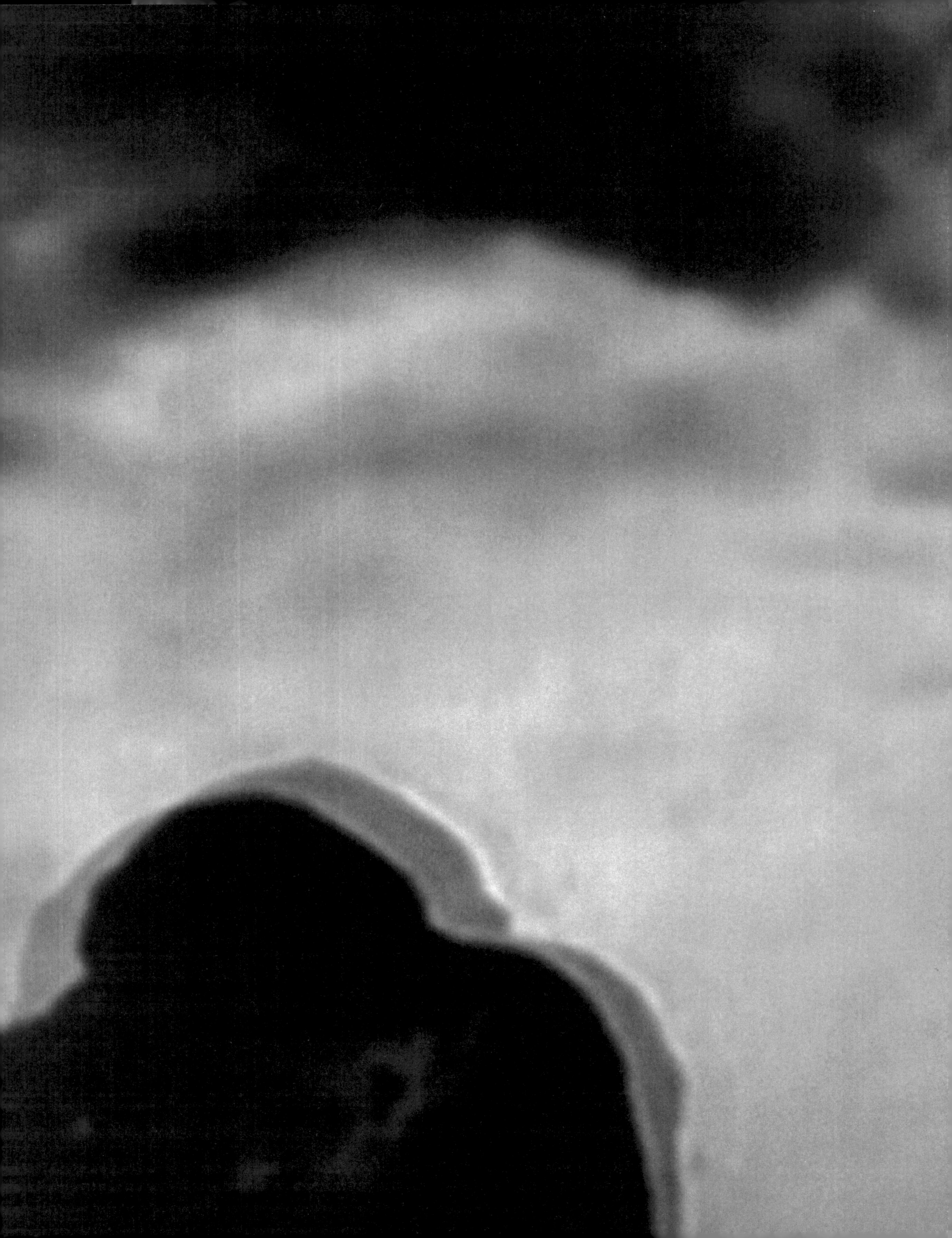

Julio Cortázar

Negro el 10

1.
Empieza por no ser. Por ser no. El Caos es negro.
Como es negra la nada.

2.
Nace la claridad, su gallo triza el cielo,
se esponjan los colores/vanidosos.

Pero el negro se ahínca primigenio. Toda luz
en el carbón se abisma en el basalto.

3.
Tes physiciens appellent <u>corps noirs</u> tous ceux qui
absorbent intégralement les radiations reçues.

Para mejor lanzarlos al asalto
del día. (Goya pudo decirlo).

4.
Socavón en la sangre, en la memoria,
lo negro sube a la palabra, es la tormenta
rabiosa de los odios y los celos:
Othello el <u>blackamoor</u>, el moro negro
(para el lívido Yago,
siempre).

5.
Padre profundo, pez abisal de los orígenes,
retorno a qué comienzo,
estigia contra el sol y sus espejos,
término de los cambios,
última estela de las mutaciones,
palabra del silencio.

6.
Su palacio nocturno: el sueño, el párpado
sedosa guillotina del diurno pavorreal
para que sólo las similitudes
desplieguen sus tapices de morado, de púrpura y de
[óxidos,
harem del negro, esperma de los sueños.

7.
Se diría que le gusta que lo aplanen, lo espatulen,
[lo tiendan en
lisas superficies, como se hace aquí. Se diría que
[ama ser el
trampolín desde donde saltan los colores, su callado
[sostén.
Todo es más contra el negro; todo es menos cuando
[falta.

8.
Cedes a estas metamorfosis que una mano enamorada
cumple en ti, te llenas de ritmos, hendiduras, te
vuelves tablero, reloj de luna, muralla de aspilleras
abiertas a lo que acecha siempre del otro lado,
máquina de contar cifras fuera de las cifras, astrolabio
y portulano para tierras nunca abordadas, mar
petrificado en el que resbala el pez de la mirada.

9.
Caballo negro de las pesadillas, hacha del
sacrificio, tinta de la palabra escrita, pulmón
del que diseña, serigrafía de la noche,
negro el diez: ruleta de la muerte, que se
juega viviendo.

10.
Tu sombra espera tras de toda luz.

Published in 1984 on the website of Revista de la Universidad de México. For further information please see the notes on pages 56, 104, and 152.

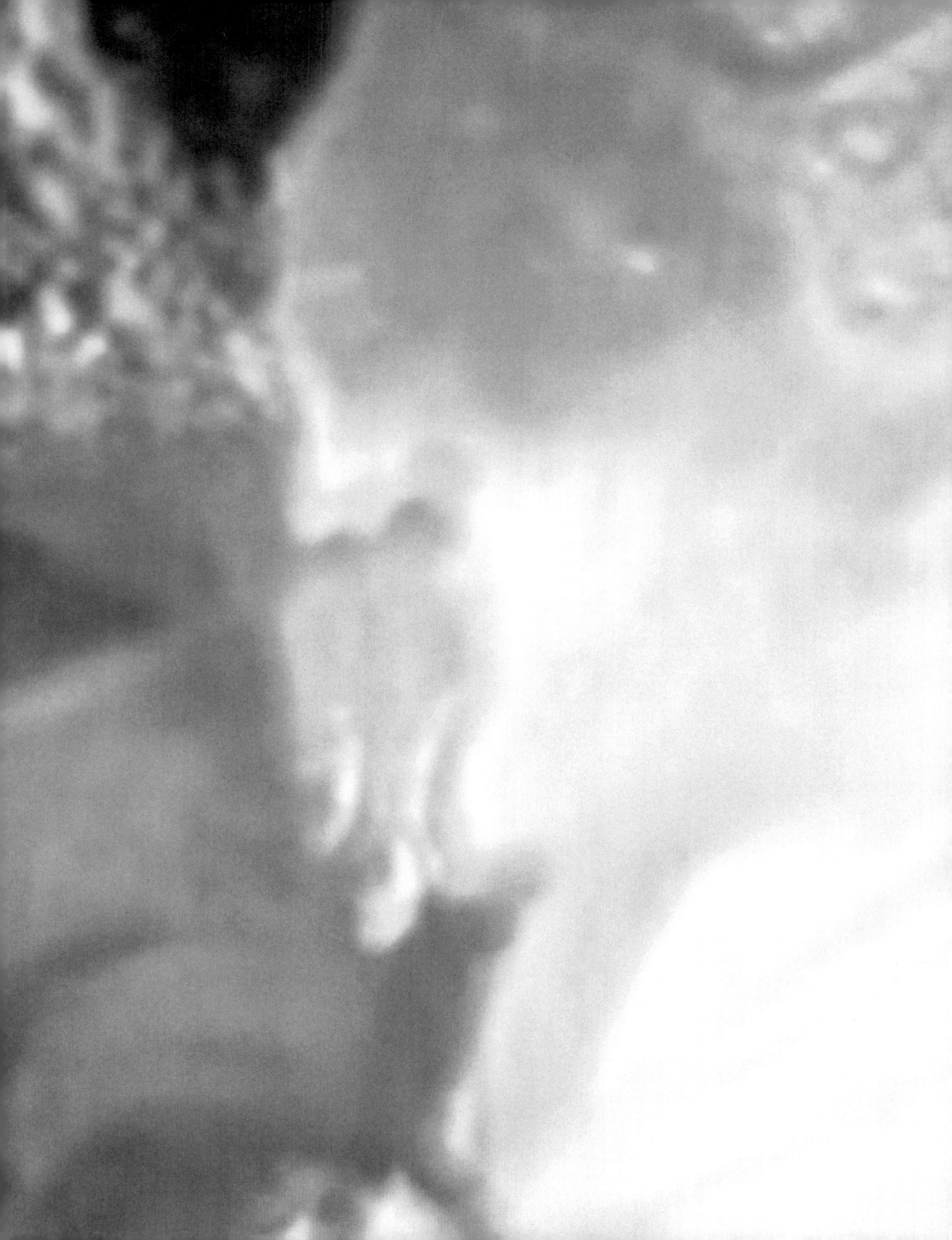

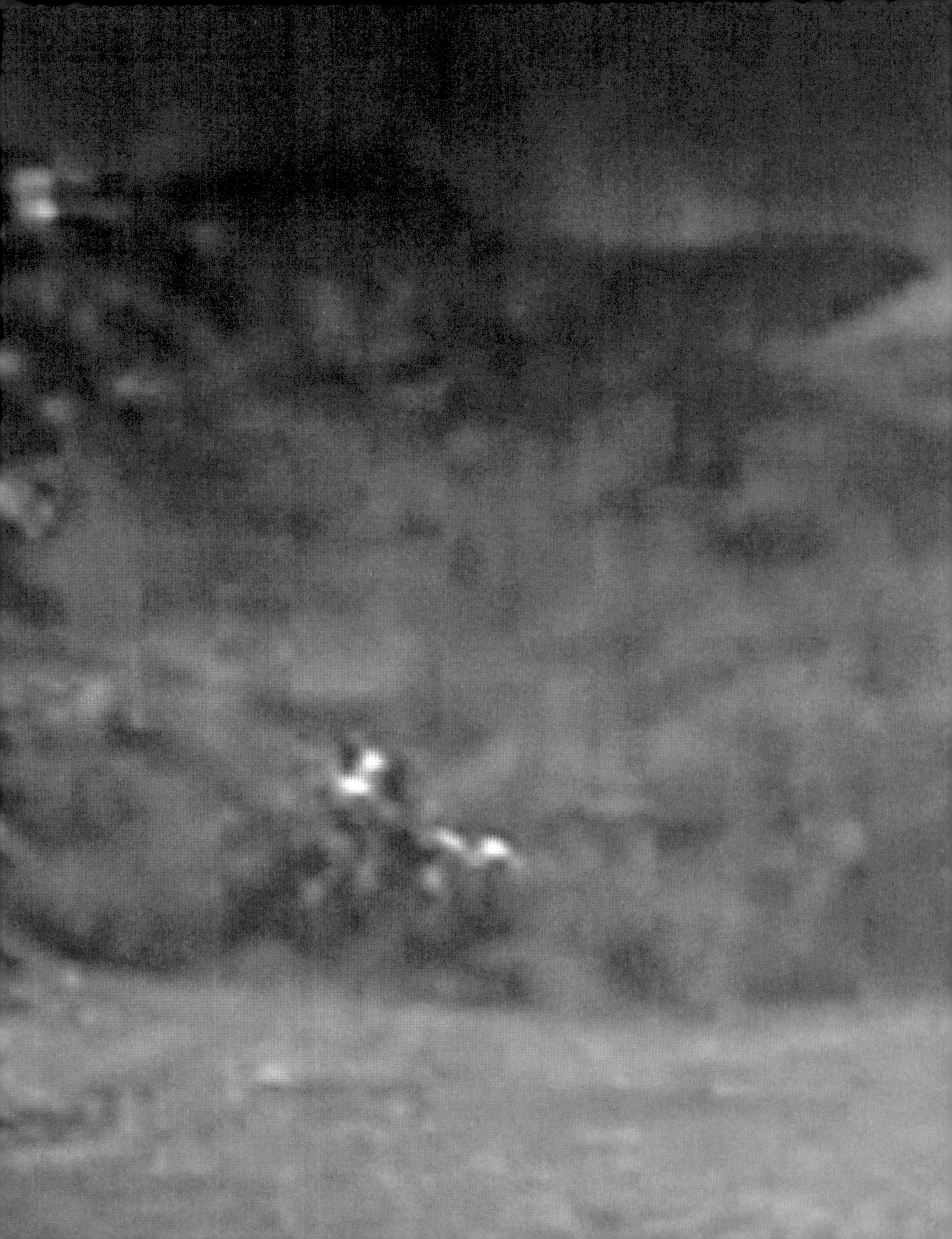

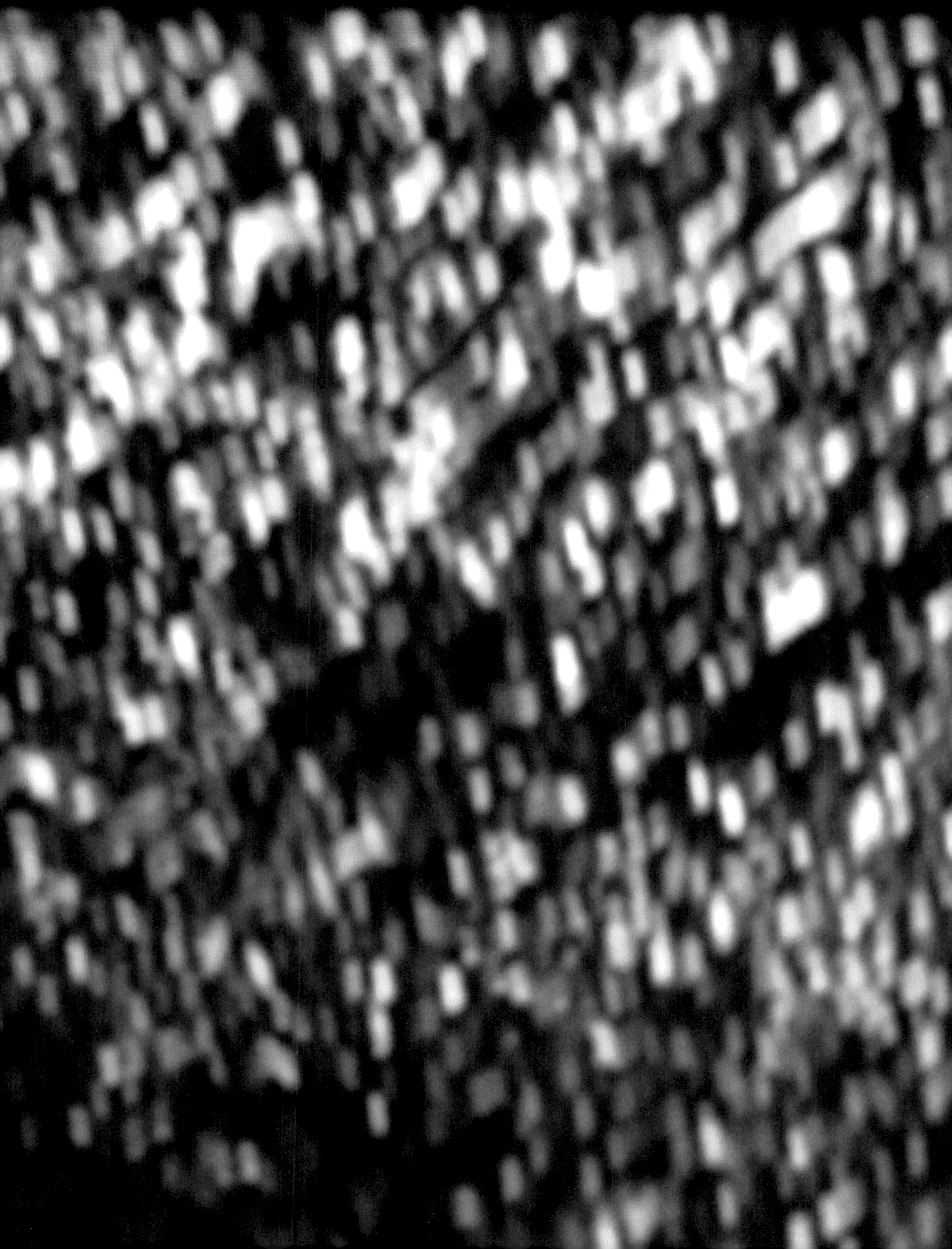

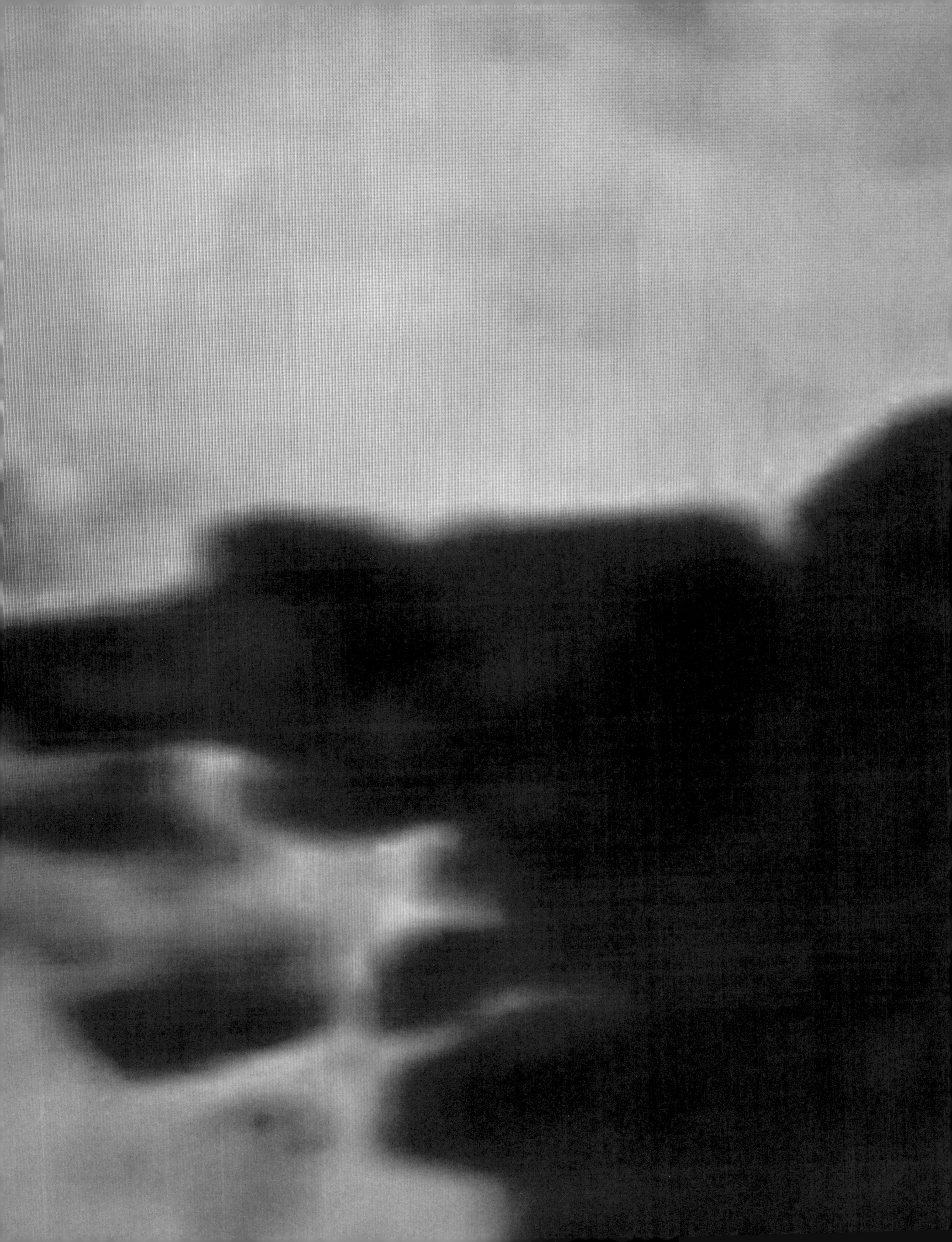

VORWORT

Seit Anfang der 80er Jahre hat Juan Uslé ein reiches malerisches Werk entwickelt, das sich in dem Raum zwischen reiner Abstraktion und persönlich-emotionaler aufgeladener Subjektivität bewegt. Ziel ist eine Malerei, die in einem meta-narrativen Sinn das direkte eigene Erleben der Welt ins Bild einfließen lässt und dabei zugleich die grundsätzliche Syntax und Grammatik des malerischen Vokabulars reflektiert.

Diese Kombination aus poetischer Subjektivität und konzeptueller Selbstbefragung des Mediums macht das Werk des spanischen Künstlers zu einem der wichtigen malerischen Œuvres unserer Zeit. Dies umso mehr, als Uslé nicht nur seit Ende der 80er Jahre sowohl in New York wie auch in Spanien lebt und arbeitet, sondern in seinen Bildern auch die unterschiedlichen Diskurslinien und Traditionen der europäischen und amerikanischen Nachkriegs-Malerei zwischen Surrealismus, abstraktem Expressionismus und Post-Minimal verarbeitet.

Innerhalb des weitgefächerten und in der Regel in Werkgruppen angelegten Œuvres stellt die in loser Folge seit 1997 entstehende Bildreihe der „Soñé que revelabas" (etwa: „Ich träumte, dass du erscheinst", im Folgenden SQR) mit bislang knapp 50 Arbeiten die größte geschlossene Gruppe dar. Der poetisch-emotionale Konzeptualismus, der Uslés gesamte Bildwelt durchzieht, begegnet uns hier in seiner konzentriertesten Form. In den „schwarzen Bildern" der SQR-Serie, die in der Regel nur nachts entstehen, realisiert Uslé eine hochkonzentrierte, meditative Abhandlung über die strukturellen Bedingungen der Malerei und des Malprozesses.

Jeder Pinselstrich auf diesen Bildern ist immer mehrfach aufgeladen. Er ist zum einen die Selbstabbildung der malerischen Geste. Zum anderen entspricht jeder Pinselabdruck jeweils einem Herzschlag des Künstlers, was die Bilder auch zu Manifestationen der direkten, „heißen" körperlichen Verbindung des Malers mit seiner Malerei werden lässt. In seiner performativen Anlage enthält jedes SQR-Gemälde zudem genau die Zeit, die nötig war, es zu malen. Und schließlich verknüpft Uslé in den SQR auch das Medium der Malerei mit dem des Films, indem er seine in horizontalen Zeilen angeordneten Pinselstriche wie Zelluloid-Filmstreifen wirken lässt.

Als Summe formulieren die Gemälde der SQR einen nächtlichen Raum der Stille und des Traums, aber auch eines geheimnisvollen, dunklen Lichts, das aus ihren Tiefen strahlt. Mit der Tradition der schwarzen Bilder von Goya bis Ad Reinhardt verbindet sie die Überzeugung, dass das wirkliche Sehen eigentlich erst dort anfängt, wo es scheinbar fast nichts mehr zu sehen gibt, nicht aber der Wunsch, durch das Schwarz zu dem absoluten Nullpunkt des letzten möglichen Bildes zu gelangen.

Mit der Ausstellung der „Soñé que revelabas" verwirklichen das Kunstmuseum Bonn und das CGAC, Centro Galego de Arte Contemporánea in Santiago de Compostela einen lang gehegten Wunsch, diese für das gesamte Œuvre zentrale Werkgruppe erstmalig umfassend vorzustellen. Bei der Realisierung des Projektes, der erst zweiten Museumsausstellung Juan Uslés in Deutschland, haben wir vielfältige Unterstützung erfahren. In erster Linie geht unser Dank an Juan Uslé, der diese Ausstellung und die begleitende Publikation von Anfang an mit großem Engagement begleitet hat. Der Galerie Thomas Schulte, Berlin, die Uslés Werk seit vielen Jahren in Deutschland vertritt, gilt ein besonderer Dank für die substanzielle Unterstützung des komplexen Projektes. Bei den institutionellen und privaten Leihgebern bedanken wir uns für die Bereitschaft, uns für die Dauer fast eines Jahres ihre Arbeiten zur Verfügung zu stellen. Weiter danken wir den Katalogautoren Ángel González und Raphael Rubinstein für ihre wertvollen Beiträge, und last but not least danken wir dem Distanz Verlag in Berlin und dem Kölner Grafiker Magnus Neumeyer für die gelungene Gestaltung und Produktion des Katalogs.

Stephan Berg   Miguel von Hafe Pérez
Kunstmuseum Bonn   CGAC, Santiago de Compostela

PREÁMBULO

Desde comienzos de los años ochenta, Juan Uslé ha desarrollado una prolífica obra pictórica que se mueve en el ámbito entre la abstracción pura y una subjetividad cargada de emociones personales. El objetivo es una pintura que, en un sentido metanarrativo, permite introducir en el cuadro la experiencia personal inmediata sobre el mundo, reflejando a la vez la sintaxis y la gramática básicas del vocabulario pictórico.

Esta combinación de subjetividad poética y autorreflexión conceptual convierte el trabajo de este artista español en una de las obras más importantes de nuestra época. Y ello viene reafirmado por el hecho de que Uslé no solo vive y trabaja desde finales de los ochenta tanto en Nueva York como en España, sino que además en sus pinturas asimila las diferentes líneas de discurso y tradiciones de la pintura europea y americana de posguerra, situándose entre el surrealismo, el expresionismo abstracto y el posminimalismo.

Dentro de su creación artística, tan amplia y por lo general organizada en grupos de obras, la serie de cuadros "Soñé que revelabas" (en adelante SQR), desarrollada a intervalos irregulares desde 1997, constituye, con sus casi cincuenta obras hasta el momento, el grupo cerrado de mayor envergadura. En él encontramos, en su forma más concentrada, el conceptualismo poético-emocional que impregna todo el universo pictórico de Uslé. En los "cuadros negros" de la serie SQR, creados por regla general de noche, Uslé lleva a cabo un ensayo meditativo absolutamente concentrado sobre las condiciones estructurales de la pintura y del proceso de pintar.

Cada pincelada de estos lienzos está siempre imbuida de varios significados. Por un lado, constituye la autoproyección del gesto pictórico. Por otro lado, cada pincelada corresponde asimismo a un latido del corazón del artista, lo que permite que estos cuadros constituyan verdaderas manifestaciones de la relación corporal inmediata y "caliente" del artista con su propia creación. En su instalación, cada cuadro de la serie SQR incluye el tiempo exacto que se tardó en pintarlo. Por último, en SQR Uslé combina el recurso de la pintura con el del séptimo arte ya que sus pinceladas, dispuestas en franjas horizontales, surten el efecto de tiras de celuloide.

En suma, los cuadros de SQR expresan un espacio nocturno de silencio y de ensueño, pero también un espacio de luz oscura y misteriosa que emana de lo más profundo de su esencia. El convencimiento de que la verdadera percepción comienza en realidad justo donde parece que ya no hay nada que ver, conecta esta serie con la tradición de los cuadros negros, desde Goya hasta Ad Reinhardt, aunque no así su deseo de acceder, a través del negro, al punto cero absoluto de la última imagen posible.

Con la exposición "Soñé que revelabas" el Kunstmuseum Bonn y el CGAC (Centro Galego de Arte Contemporánea) de Santiago de Compostela hacen realidad su deseo, tanto tiempo anhelado, de presentar por vez primera este grupo completo que desempeña un papel tan importante en su obra completa. A la hora de llevar a cabo este proyecto, que constituye la segunda vez que Juan Uslé expone su trabajo en un museo alemán, hemos contado con mucho apoyo. En primer lugar deseamos agradecer la colaboración del propio Juan Uslé, que nos ha acompañado desde el principio con gran entusiasmo y dedicación durante la preparación de la exposición y de la publicación que la acompañará. La galería de arte Thomas Schulte, en Berlín, que se ocupa de la obra de Uslé desde hace años, merece nuestro especial agradecimiento por su esencial apoyo en este complejo proyecto. También deseamos dar las gracias a las entidades tanto institucionales como privadas que han puesto a nuestra disposición estas obras durante casi un año. Agradecemos también su valiosa contribución a Ángel González y Raphael Rubinstein, autores del catálogo y, por último, aunque no por ello menos importante, queremos también dar las gracias a la editorial Distanz de Berlín y al diseñador gráfico Magnus Neumeyer, de Colonia, por su estupendo diseño y producción del catálogo.

Stephan Berg　　　　　　　Miguel von Hafe Pérez
Kunstmuseum Bonn　　　　CGAC, Santiago de Compostela

PREFACE

Since the early 1980s, Juan Uslé has developed a rich painterly oeuvre that operates in the space between pure abstraction and emotionally intense subjective expression. He seeks to create paintings that are informed, on a meta-narrative level, by his personal experience of the world, while also reflecting on the fundamental syntax and grammar of the pictorial vocabulary.

With this blend of poetic subjectivity and conceptual self-interrogation of the medium, the Spanish artist's work constitutes an eminent painterly oeuvre of our time. Uslé, who has divided his time between New York and Spain since the late 1980s, and his art engages with the various discursive strands and traditions of European as well as American postwar painting between Surrealism, abstract expressionism, and post-minimal art.

Large parts of Uslé's diverse oeuvre consist of sets of related works; the largest of these self-contained groups is the series "Soñé que revelabas" (roughly translated: "I Dreamed that You Revealed," abbreviated in the following as SQR), on which the artist has worked on and off since 1997, creating almost fifty pictures to date. These "black paintings" distill the poetic-emotional conceptualism that permeates Uslé's entire visual universe down to its essence. The SQR series, on which the artist mostly works at night, represents a highly condensed meditative essay on the structural conditions of painting and the pictorial process.

Each brushstroke in these paintings carries multiple significations. On the one hand, it is the indexical image of the painterly gesture. On the other hand, each brushstroke corresponds to one beat of the artist's heart, so the pictures are also manifestations of the direct, "hot," physical relationship between the painter and his work. Moreover, in its performative composition, each SQR picture records the exact time it took to create. And finally, the SQR also fuse the mediums of painting and film: the brushstrokes are arranged in horizontal lines that look like strips of celluloid.

All in all, the SQR paintings frame a nocturnal space of silence and dream as well as a mysterious dark light that radiates from their depths. They manifest a conviction that runs through the tradition of black paintings from Goya to Ad Reinhardt: that true vision begins where there seems to be virtually nothing there to see. Unlike other artists, however, Uslé does not work with black out of a desire to reach the absolute point zero of the last possible painting.

By exhibiting the "Soñé que revelabas" series, the Kunstmuseum Bonn and the CGAC, Centro Galego de Arte Contemporánea, Santiago de Compostela, fulfill a long-held desire to present this set of works, which occupies a central position in the larger oeuvre, in its entirety. As we worked to realize this show, which is only the second exhibition of Juan Uslé's work in a museum in Germany, many people generously supported us. We are grateful, first and foremost, to Juan Uslé, who has always been very dedicated to the exhibition project and the accompanying publication. We also owe particular gratitude to the team at Galerie Thomas Schulte, Berlin, who have represented Uslé's work in Germany for many years, for the generous assistance they have given to our complex undertaking. We are much obliged to the institutional and private lenders, who have been willing to part with their works for almost a year. Last but not least, we would like to thank Ángel González and Raphael Rubinstein for the insightful essays they contributed to this catalogue, the team at Distanz Verlag, Berlin, and the graphic designer Magnus Neumeyer, Cologne, for designing and producing it.

Stephan Berg
Kunstmuseum Bonn

Miguel von Hafe Pérez
CGAC, Santiago de Compostela

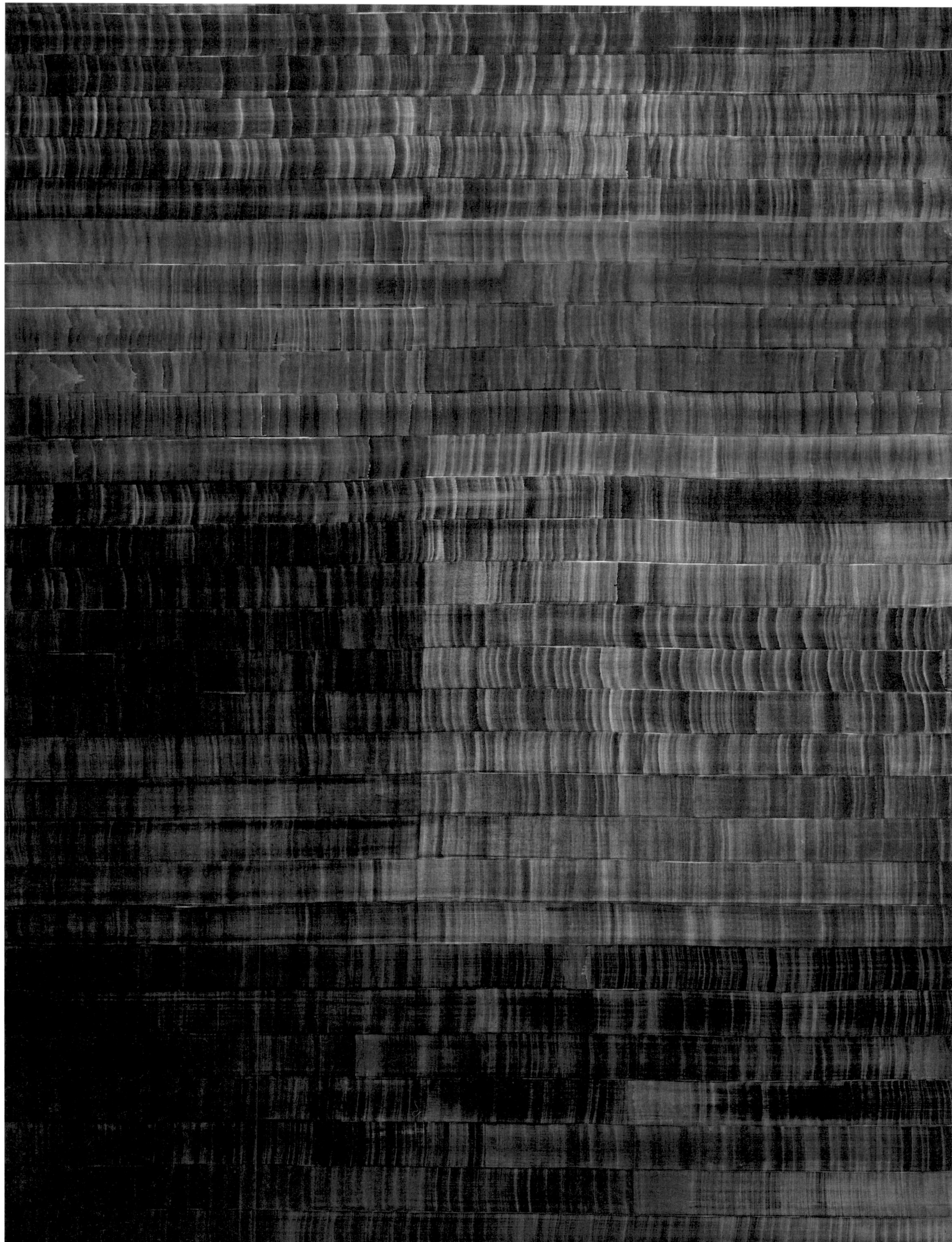

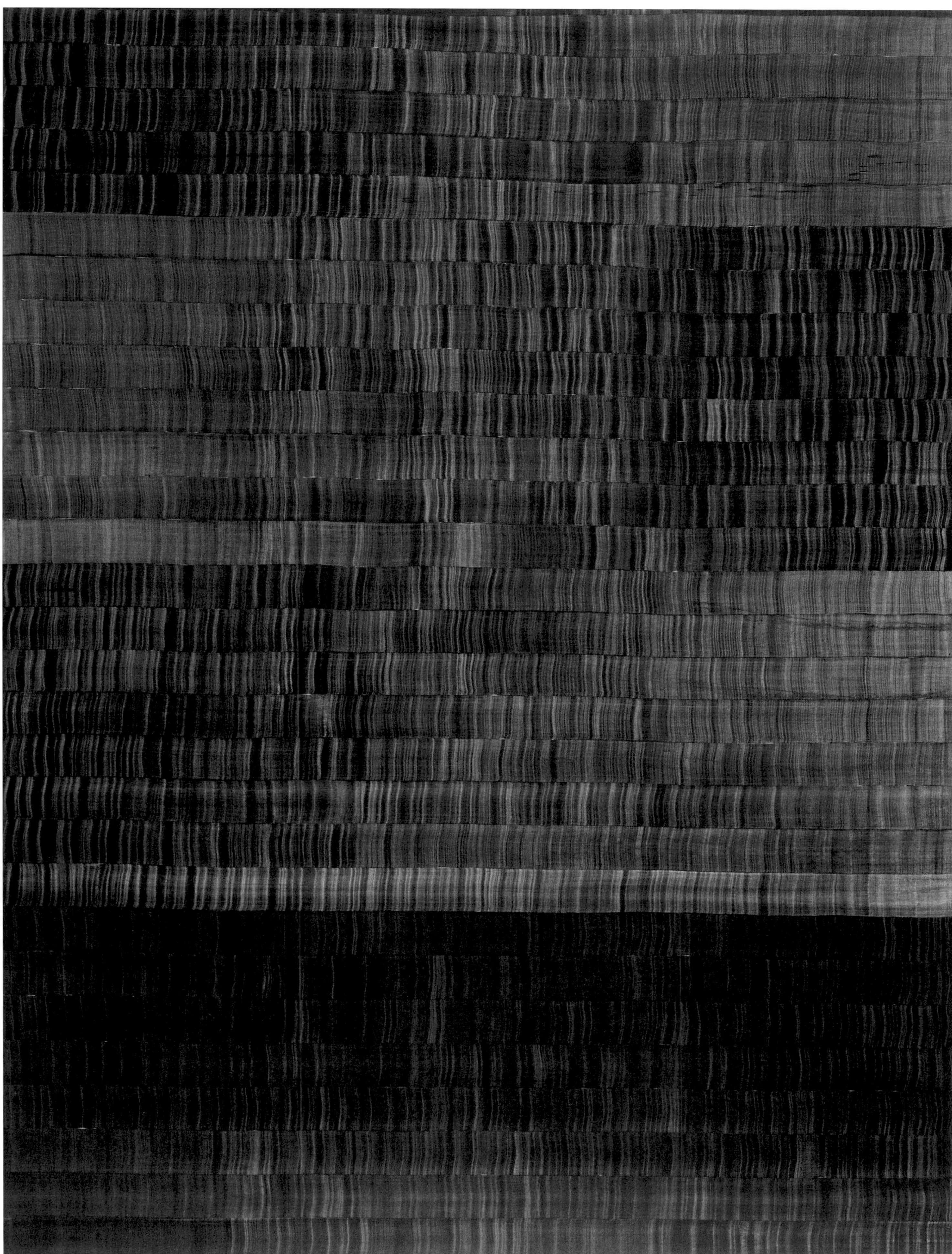

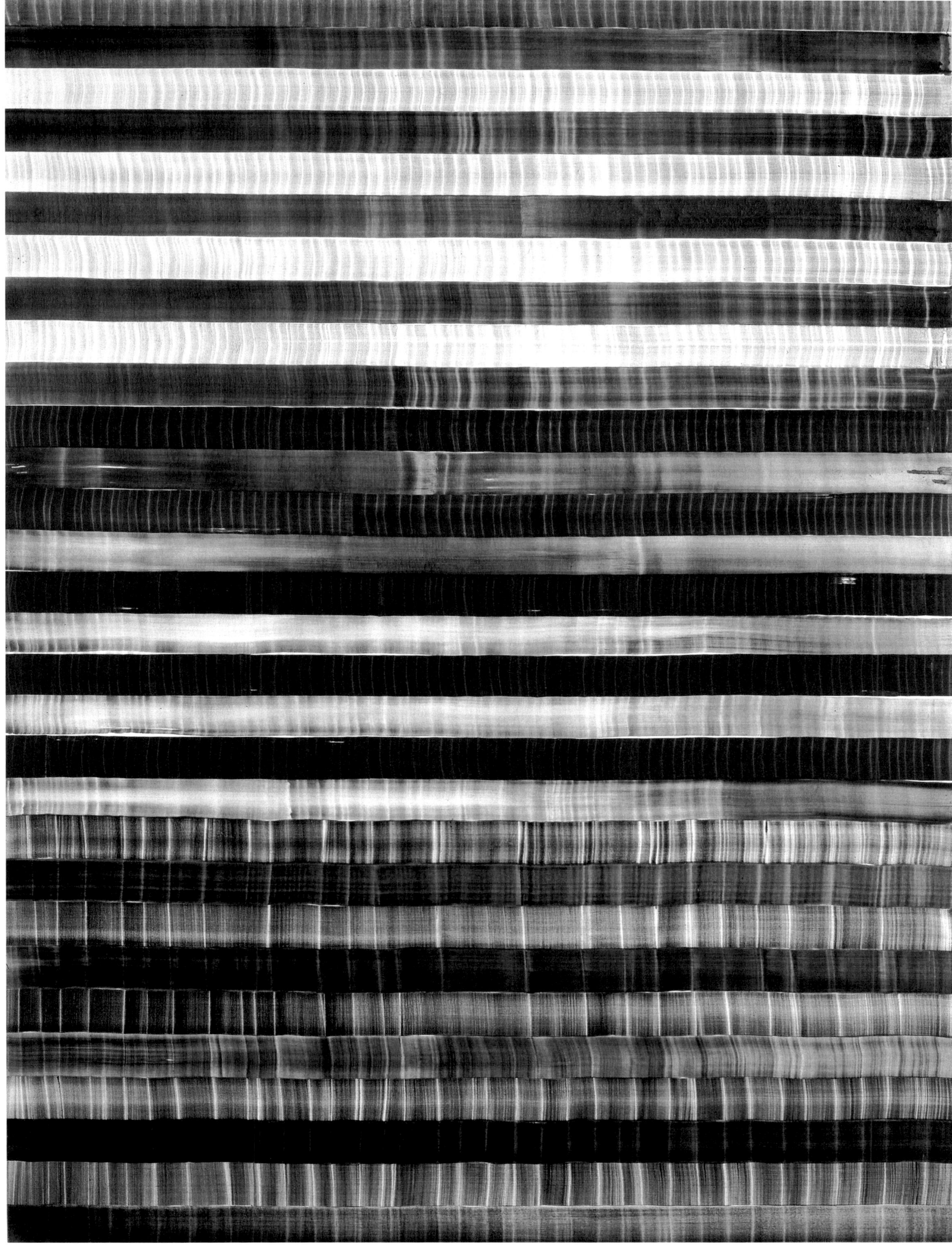

Soñé que revelabas V, 2000/01
Fundación Caja Madrid, Spain

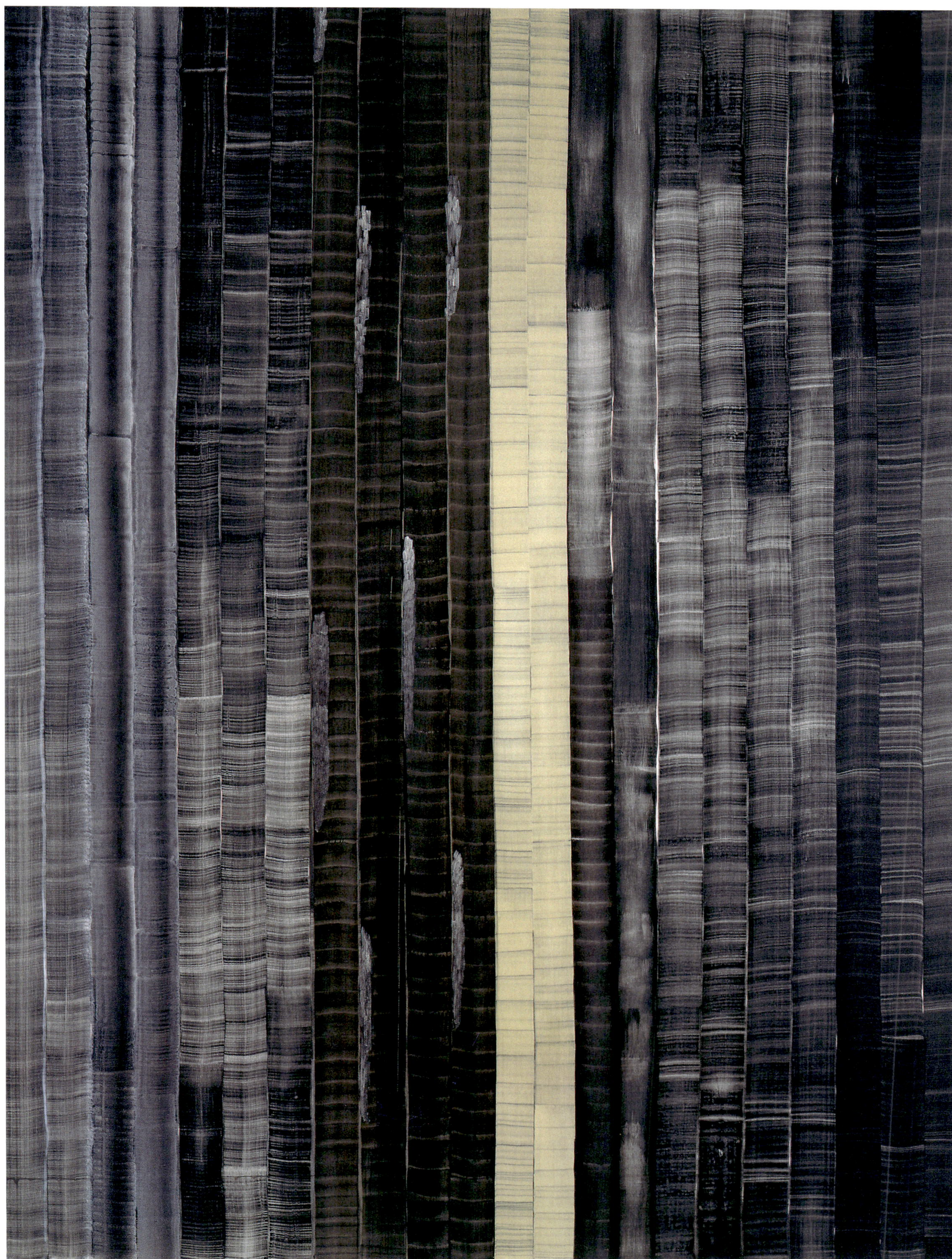

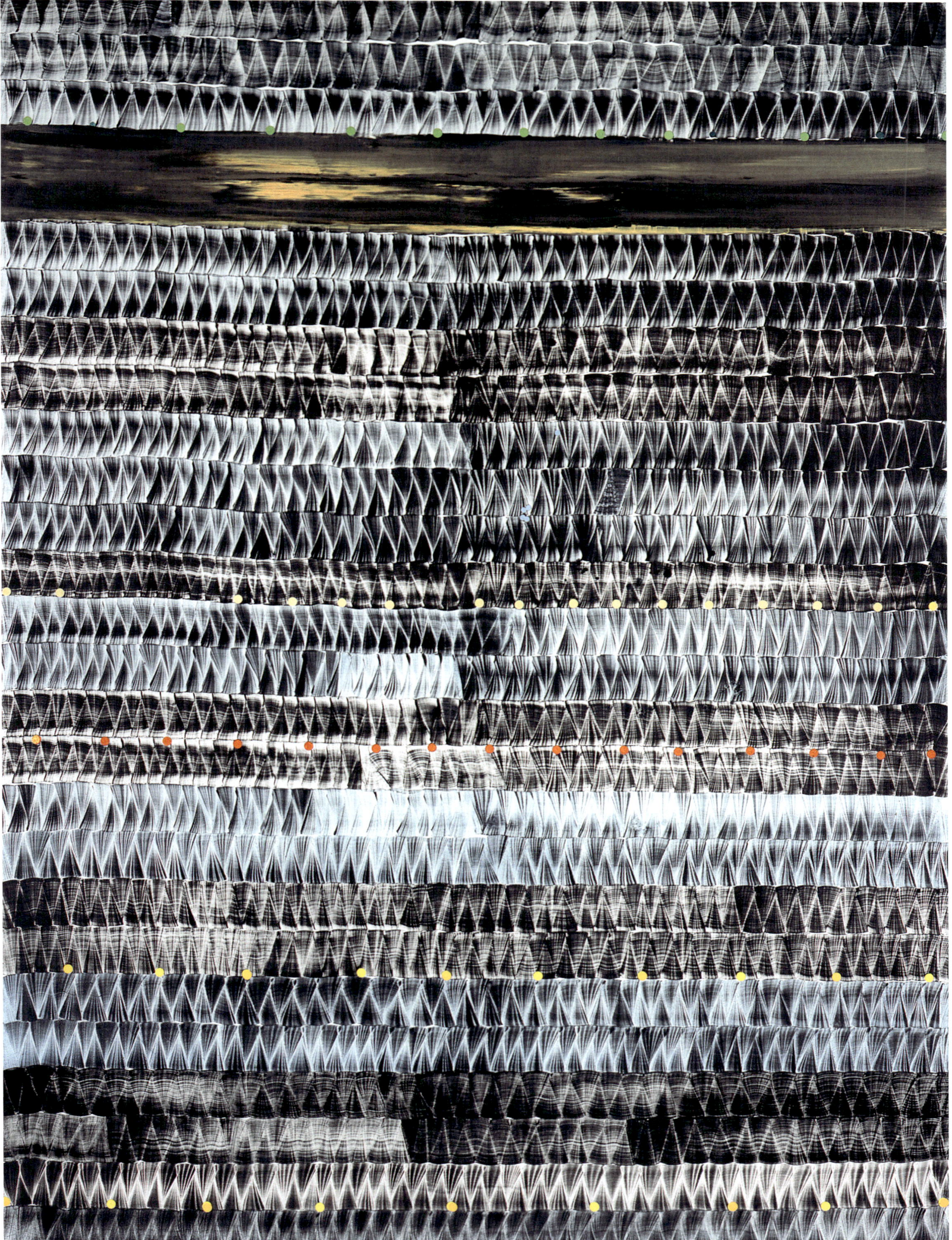

Soñé que revelabas XVI (Humo), 2001/02
Collection of John Cheim, New York, USA

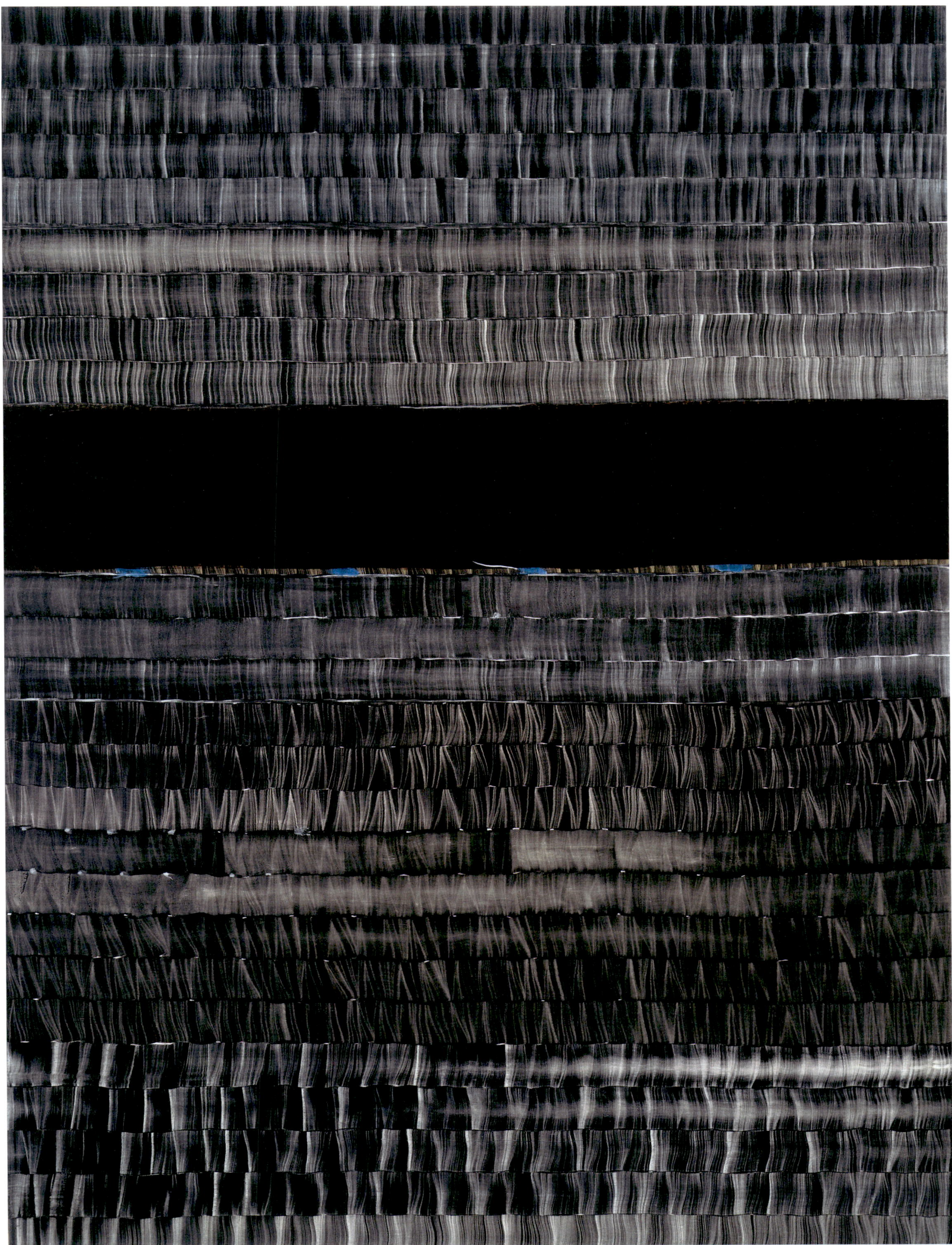

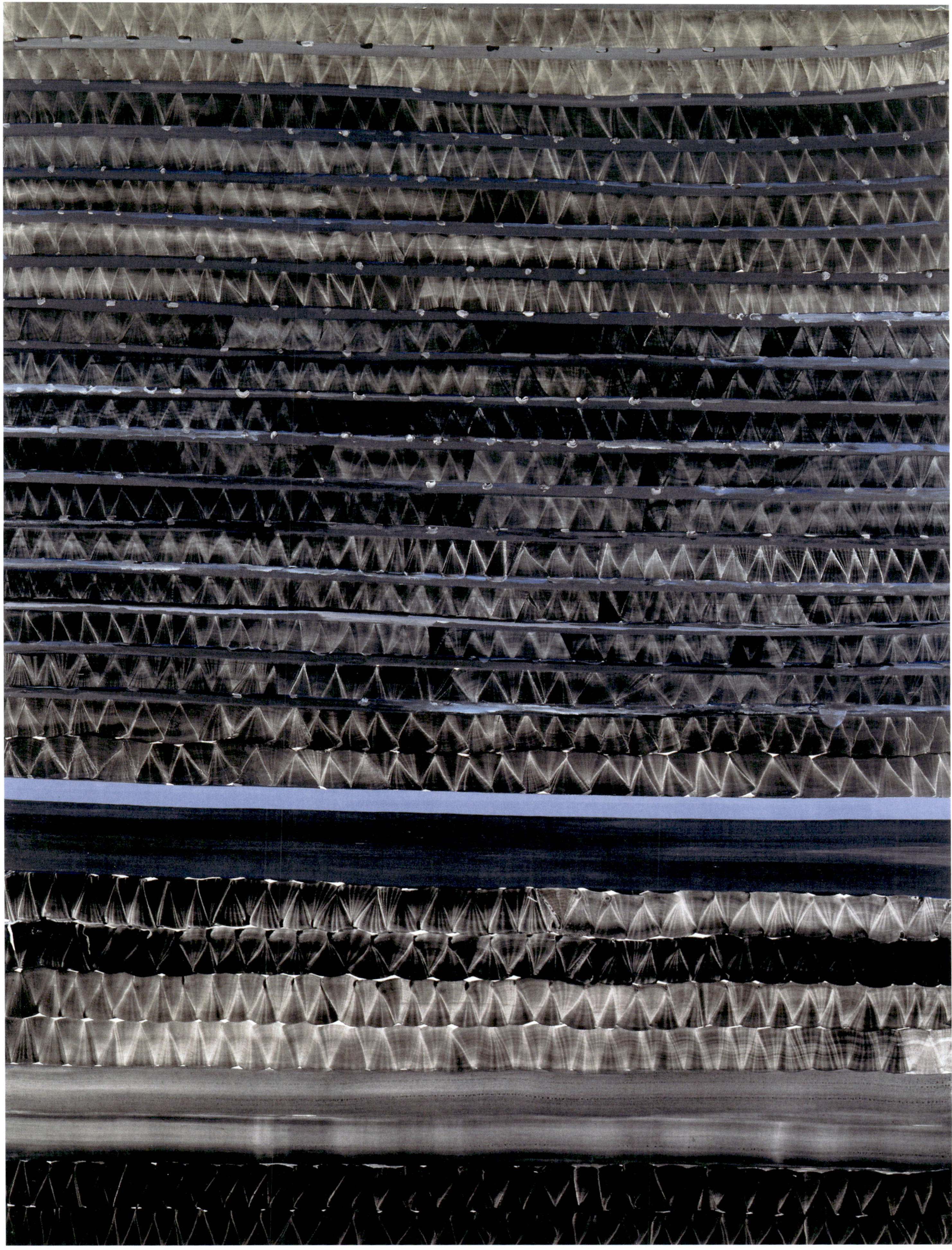

Soñé que revelabas X (Nemo), 2002
Collection of the European Investment Bank, Luxembourg

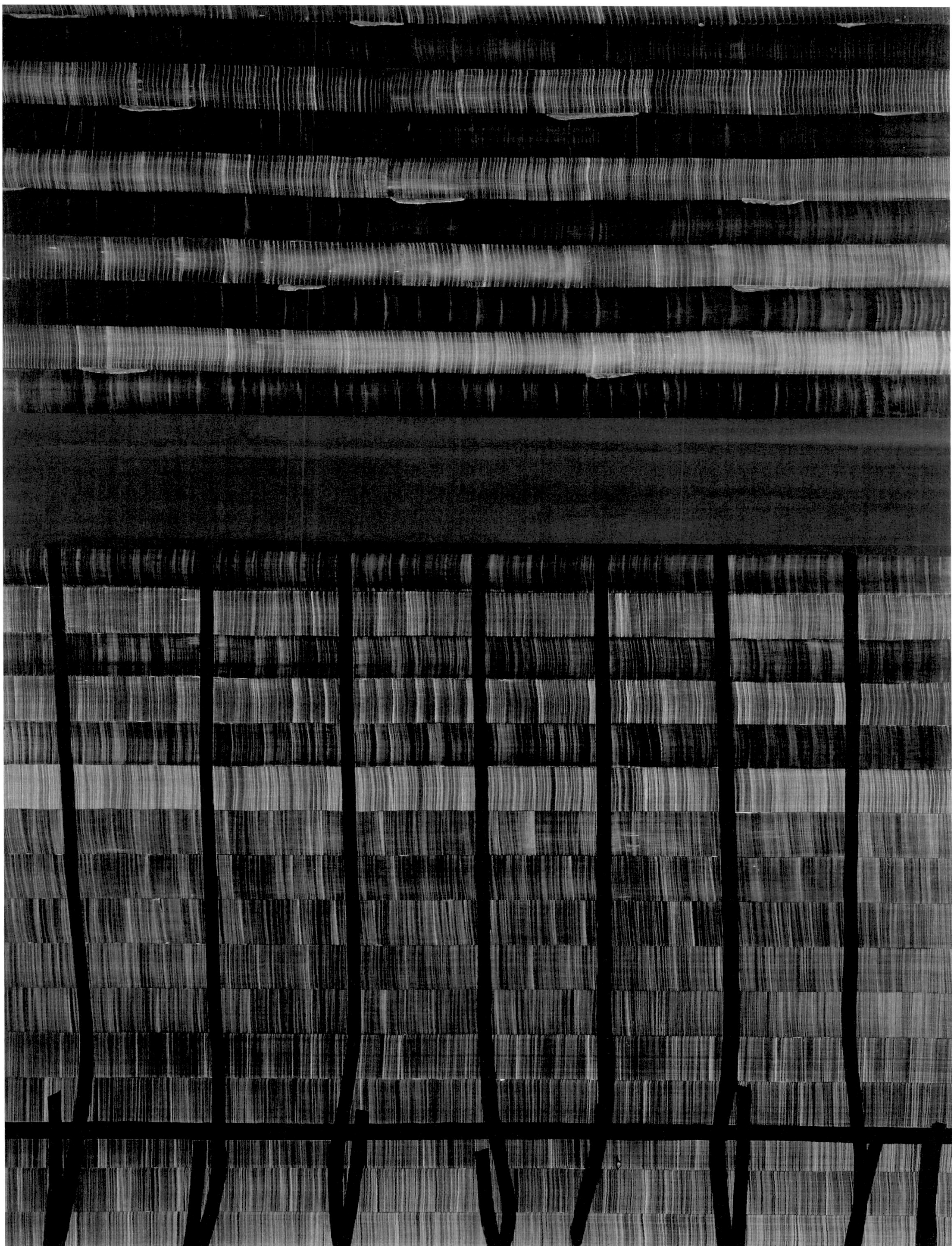

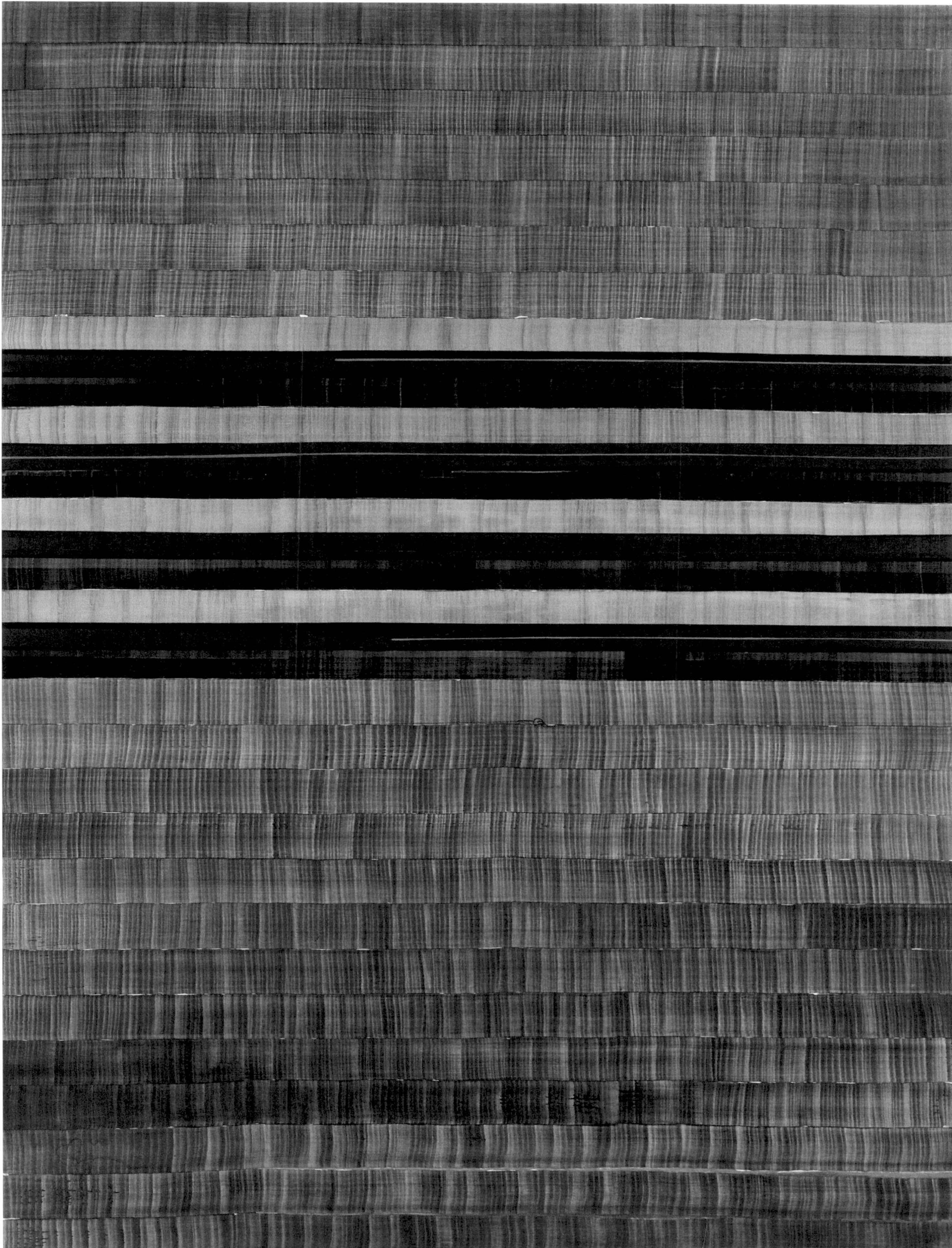

Soñé que revelabas XII, 2002
Private Collection, Bologna, Italy
Courtesy Galerie Thomas Schulte, Berlin, Germany

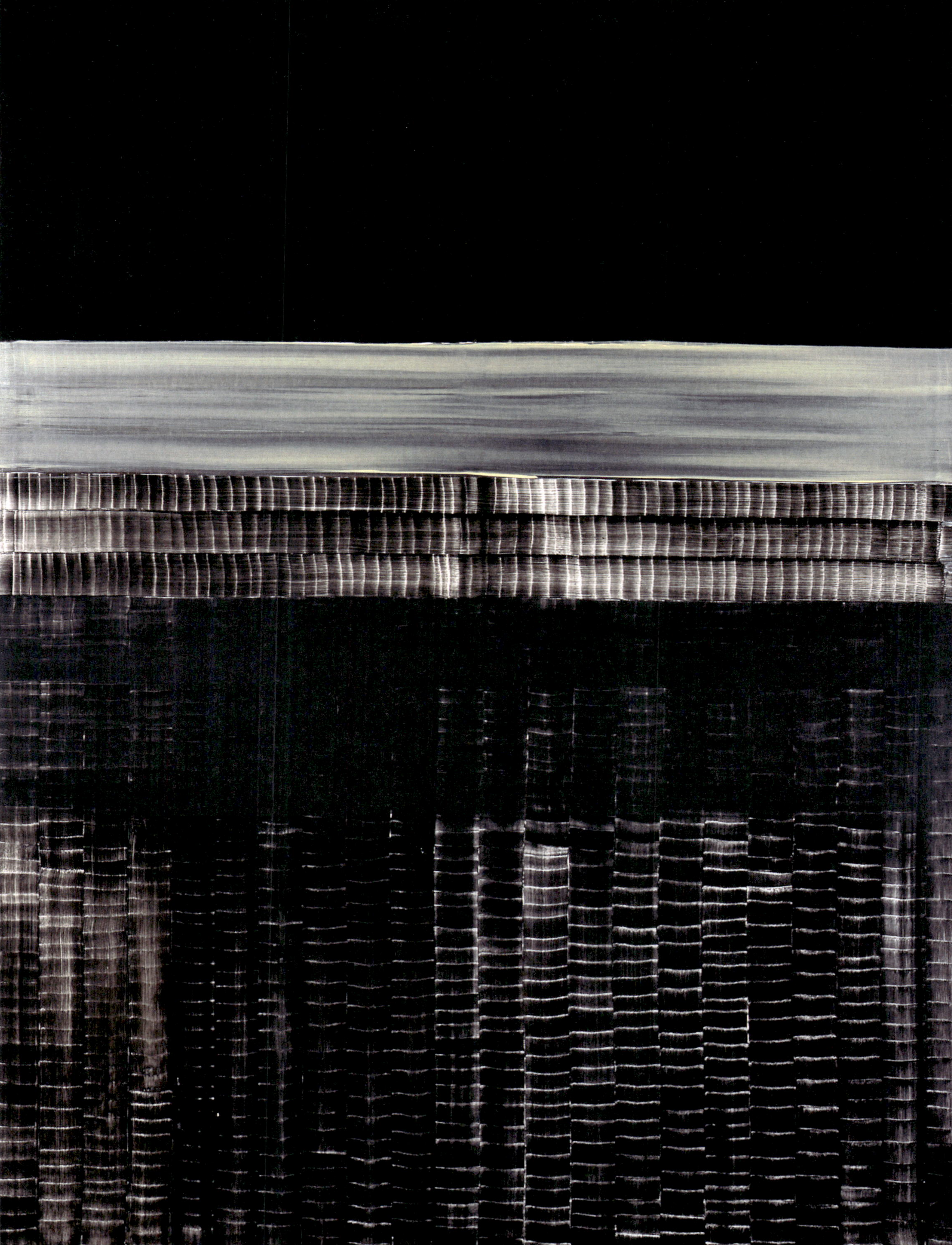

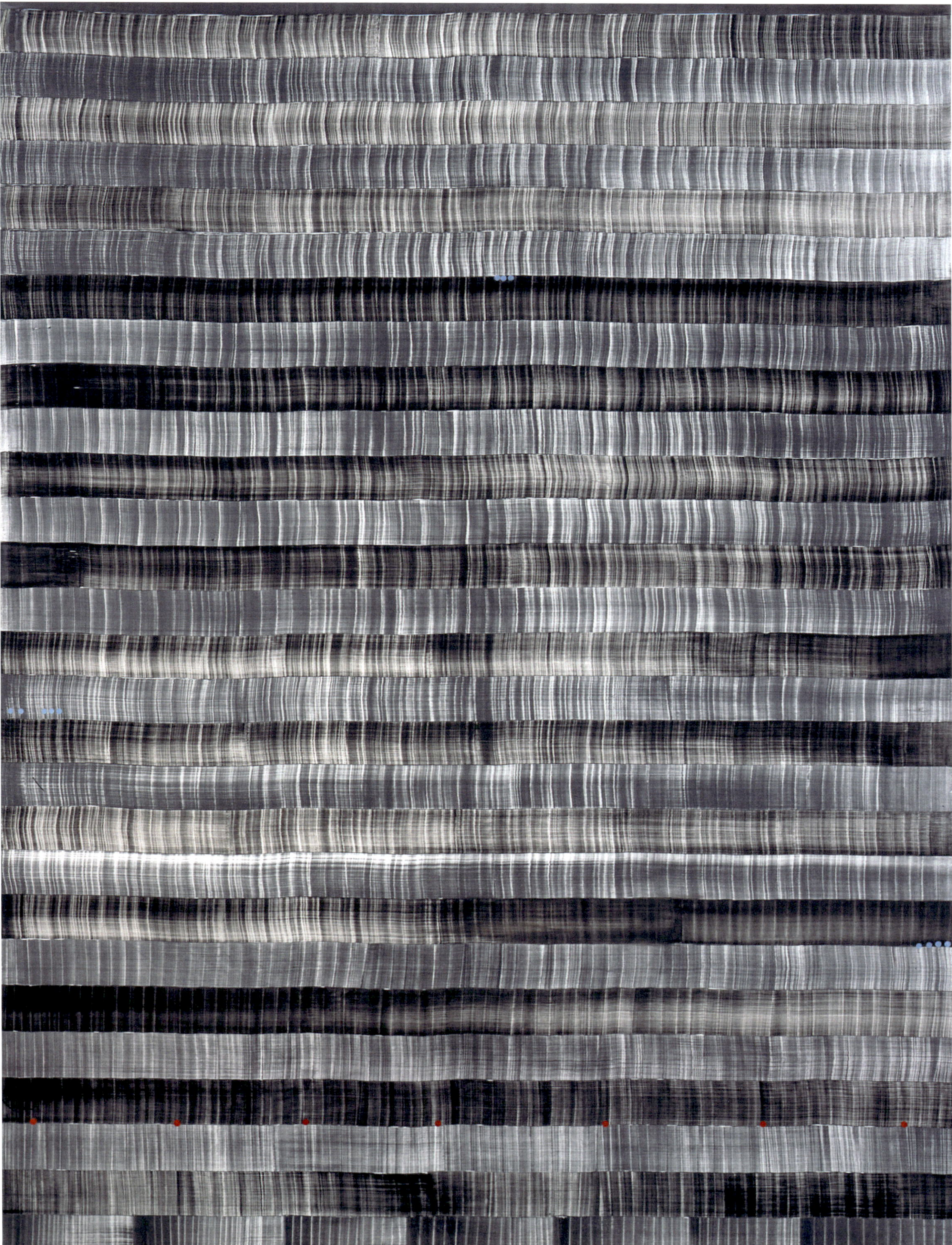

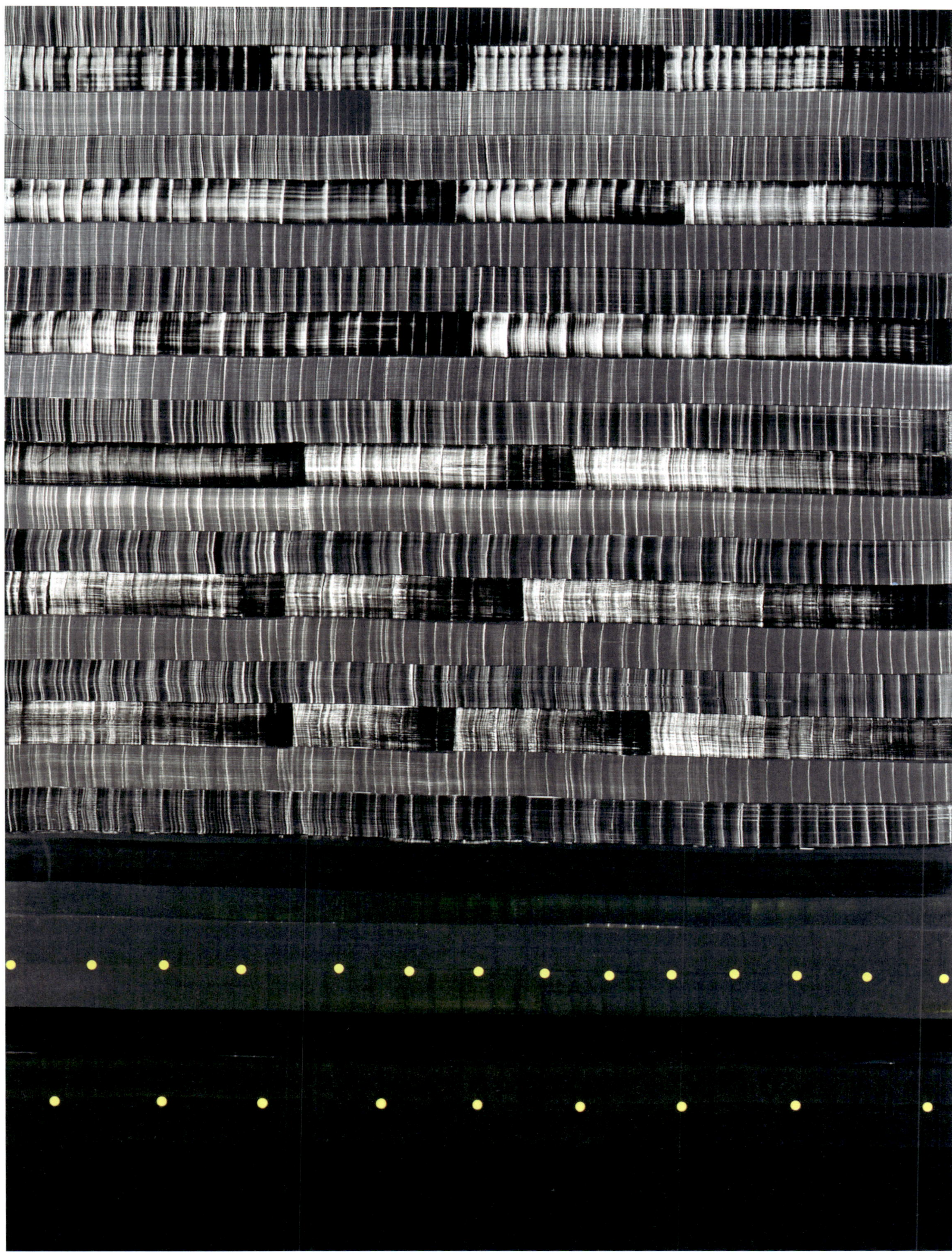

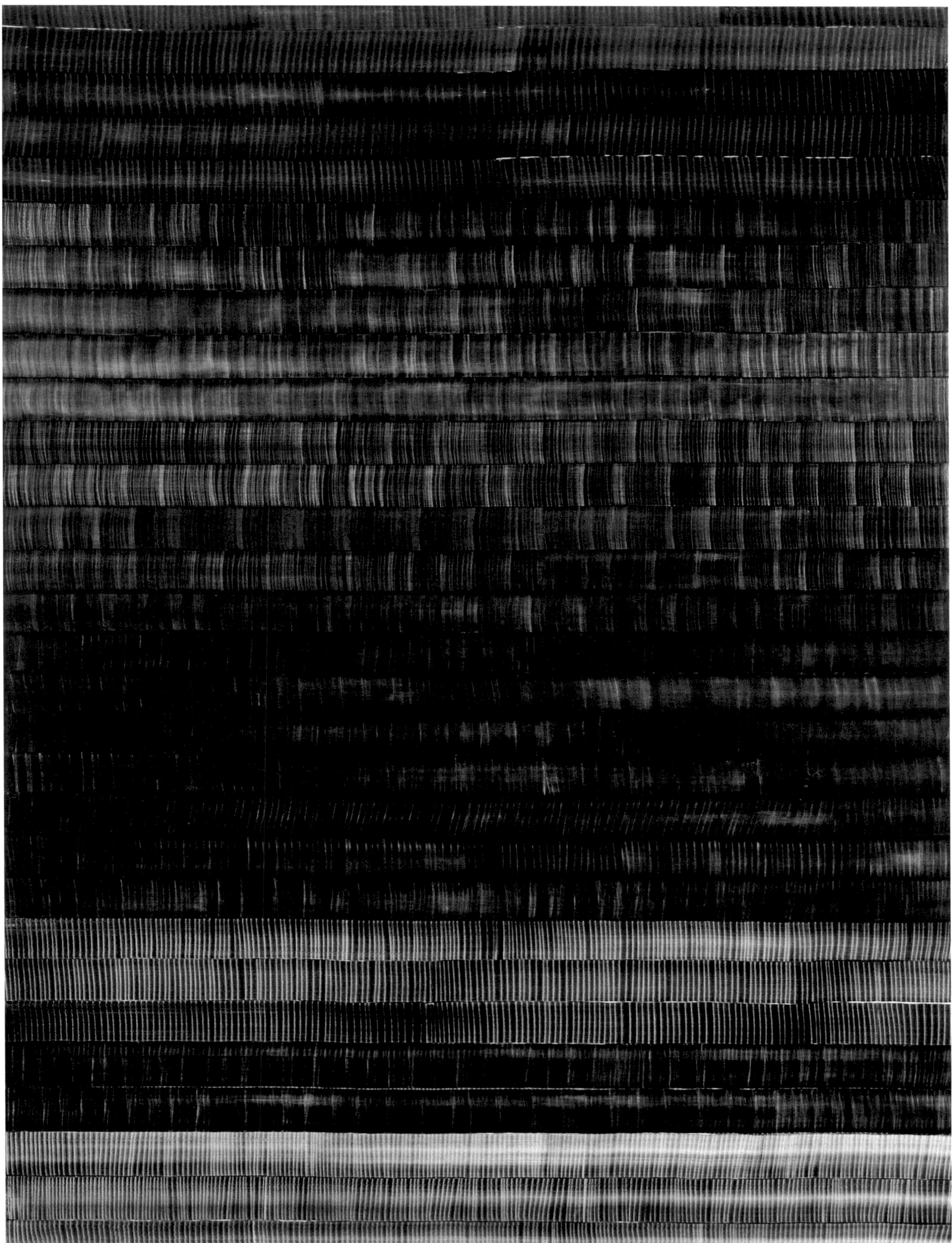

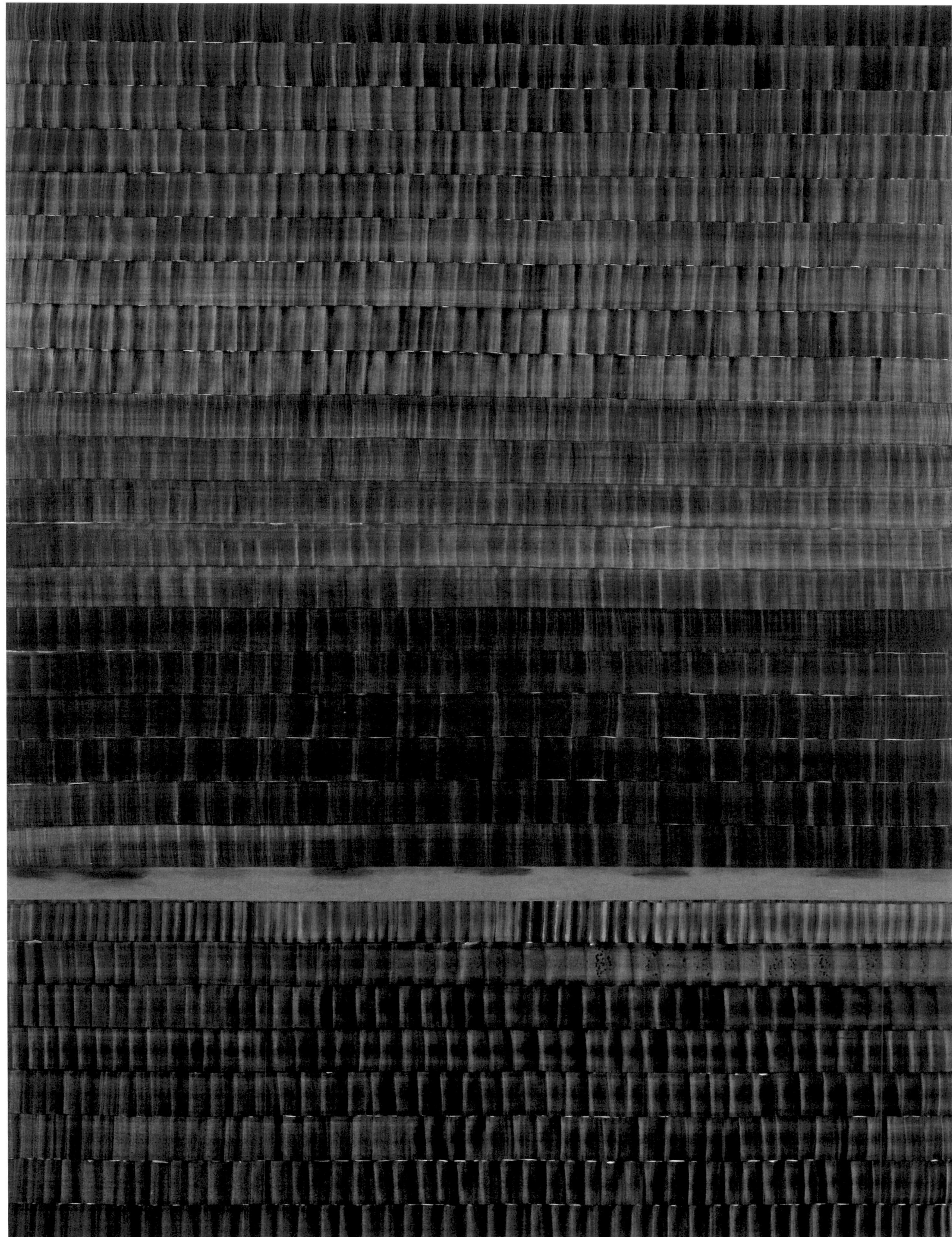

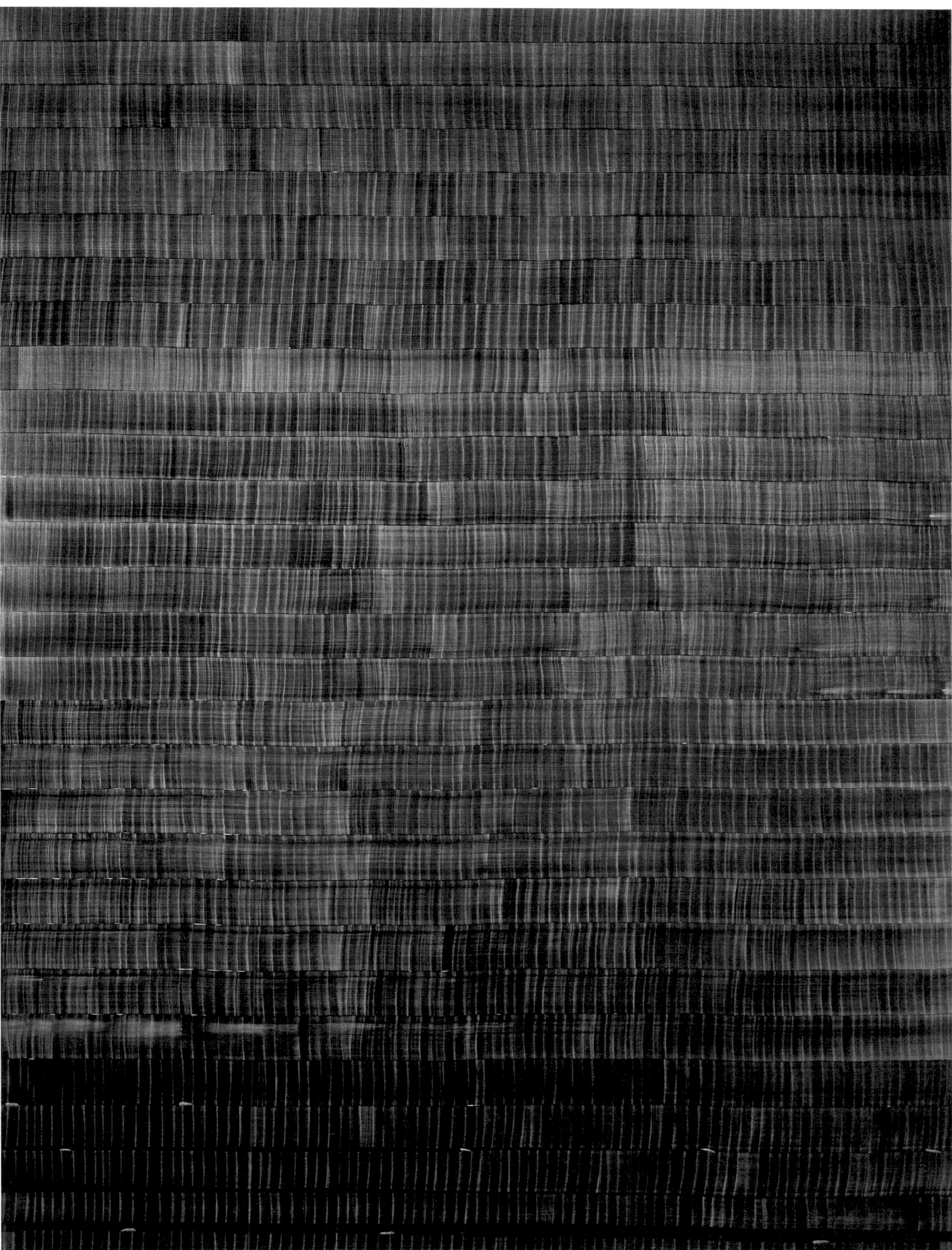

Stephan Berg

DAS DUNKLE LICHT

Das Auge ist das Gehirn, lässt Juan Uslé Kapitän Nemo in seiner Interpretation in Jules Vernes „20.000 Meilen unter dem Meer" sagen, und bringt damit Sehen und Denken, Wahrnehmen und Reflektieren zu einer gleichzeitig idealen wie paradoxen Kongruenz. Für Kapitän Nemo ist diese Behauptung insofern nicht nur schlüssig, sondern auch überlebensnotwendig, weil er als U-Boot-Kommandant in einem existenziellen Ausmaß auf sein – durch das Periskop – nach außen verlängertes und erweitertes Auge angewiesen ist, um überhaupt beurteilen zu können, was in der Welt um ihn herum vorgeht.

In Juan Uslés Werk fungiert bis Ende der 80er Jahre diese Romanfigur als Leitfigur, ja beinahe als Alter Ego des spanischen Malers. Entsprechend taucht sie nicht nur in Bildtiteln auf, sondern wird – als metaphorische Reflexion über das eigene Verhältnis zur Welt – auch direkt Bildthema. Das an ein Periskop erinnernde Gerät mit einem kreisrunden Auge, welches auf der 1990 entstandenen Arbeit *Julio Verne* (61 × 122 cm) eine verhangene, dunkle Wasserfläche durchstößt, verweist insoweit nicht nur auf die elementare Bedeutung des Sehens für diese Malerei. Sie verdeutlicht auch die Einsamkeit dieses Seh-fahrers, der, eingeschlossen in seine unter Wasser schwimmende Blechkapsel, auf das Hilfsmittel des Sehrohrs angewiesen ist, um sich mit der Welt zu verbinden. Und dabei, wie es Uslé in einem seiner Texte formuliert, nicht nur das sieht, was sich draußen abspielt, sondern immer auch die Reflexion des eigenen Auges im Spiegel des Periskop-Glases.[1]

Diese Gleichzeitigkeit von innerem und äußerem Sehen ist konstitutiv für das gesamte, weit ausgreifende Werk Uslés, das seine entscheidende Zäsur und zugleich seinen entscheidenden Antrieb 1987 erhält, dem Jahr, in dem Uslé nach New York, genauer in das damals noch nicht gentrifizierte Williamsburg zieht und fortan zwischen Amerika und seinem spanischen Wohnort Saro in Kantabrien pendelt. Dieser Aufbruch von der alten in die neue Welt geht auch einher mit einem grundlegenden Wechsel in der Malweise. Die physische Schwere, die materielle Dichte und dunkle Melancholie der frühen 80er Jahre weicht einer zunehmend leichteren, helleren, bisweilen wie elektrifiziert wirkenden Farbpalette, in der weniger die Dinge selbst, sondern die flirrenden, entmaterialisierten Beziehungen zwischen ihnen die Hauptrolle spielen. Wie Kapitän Nemos U-Boot tauchen die Bilder aus dunklen, wässrigen Gravitationstiefen an die Oberfläche und beginnen luftig-leichte Beziehungsnetze zu spinnen, in denen das Moment der Lücke, der Unterbrechung ebenso wichtig ist, wie der Zusammenhang, der aus diesen Beziehungsfäden entsteht: „Linien sind hypothetische Antworten auf fortwährende Fragen, nämlich die, die das Bild stellt", sagt der Maler 1995.[2]

Juan Uslé hat diese New York-Erfahrung mit einer Amnesie verglichen: „Ich habe mein Gedächtnis und meine Bilder in New York verloren", führt er aus, um gleich darauf deutlich zu machen, dass dieser Verlust zugleich ein Anfang für etwas Neues war.[3] Ähnlich wie Mondrian nach seinem Umzug nach New York seine abstrakten geometrischen Raster mit der tanzenden Energie eines „Broadway Boogie Woogies" auflädt und sich dabei der Schachbrett-Stadtplan Manhattans mit seinen gelben Taxen in die Kompositionen einschleicht, sind auch Uslés New York-Bilder stets zutiefst infiziert von dem Licht und der Stimmung der Stadt, ohne dabei je eine narrative Gegenständlichkeit anzustreben. Uslé hat auf diese innere Verwandtschaft mit Mondrian bereits 1995 hingewiesen: „Seine Serie ‚Broadway Boogie-Woogie' spiegelt diese Aufweichung der Reinheit und Strenge eines transzendentalen leeren Raumes wider: Seine Räume beginnen zu flackern und sich mit Zickzacklinien zu füllen [...] Er hat mich dazu angespornt, das mit aller Hochachtung in meinem Bild *Boogie-Woogie* zu kommentieren."[4]

New York wird für den spanischen Maler der Ort eines doppelten Emanzipationsprozesses: Zum einen von der symbolisch schweren, neoromantischen Mystik des eigenen Frühwerks, zum anderen aber auch von der relativen Isolation, in der sich das Post-Franco-Spanien in den späten 70er und frühen 80er Jahren durchaus noch befand. Die eigenständige, offene Bildgrammatik, die Uslé in New York entwickelt, enthält zentrale Elemente amerikanischer Nachkriegsabstraktion und der darauf folgenden Malereibewegungen der 60er und 70er Jahre, beispielsweise die Verwendung des Pinselstrichs als Selbstausdruck, Serialität, Geometrie und Raster, mit dem erklärten Ziel des Künstlers, daraus gerade keine feste, objektivierbare Systematik zu machen. Von Anfang an richtet sich diese Malerei gegen die Vorstellung einer sozusagen subjektfreien und geschichtslosen reinen Abstraktion. Uslé sucht nach einem malerischen Weg, das Bild offen zu halten für die persönlichen und subjektiven Echos, die in ihm hallen, ohne dabei obskur oder hermetisch zu werden.[5] Dabei geht es darum, die Fiktion eines malerischen Illusionsraumes zu vermeiden und das Bild in einer prozessualen, kompositorischen Mischung auf der schmalen Linie zwischen Zufall und Entscheidung zu halten. Die Malerei, der wir hier begegnen, lässt in einem meta-narrativen Sinn das direkte Welt-Erleben mit ins Bild einfließen und betreibt dabei zugleich eine Reflexion der Syntax und Grammatik des eigenen malerischen Vokabulars.

Seit langem entwickelt sich das Werk des Spaniers in thematischen Werkgruppen, wobei oft ein bevorstehendes Ausstellungsprojekt den konkreten Anlass bildet. Innerhalb dieser Gruppen, beispielsweise *Gramática Urbana*, *Rizomas* oder *Celibataires*, beanspruchen die Bilder der „Soñé que revelabas"-Reihe (im Folgenden SQR) schon deswegen eine Sonderrolle, weil Uslé sie seit 1997 kontinuierlich bis heute verfolgt, ohne sie direkt an ein Projekt zu binden. Innerhalb des Werks stellen die SQR nicht nur die größte geschlossene Gruppe dar, sie sind vielmehr zu einer Art „Basso continuo" des Gesamtwerks geworden: Eine Folge dunkler, faszinierend vibrierender Akkorde, deren nächtliche Schwärze das Fundament für die neonglühenden, rhizomatisch miteinander vernetzten Farb-Licht-Explosionen bildet, die seit Anfang der 90er Jahre im Werk bestimmend werden. Anders als die übrigen, oft recht heterogenen Bildgruppen sind die SQR von einer beeindruckenden inneren und äußeren Geschlossenheit, die sie jenseits ihrer ohnehin

schon eindrucksvollen Maße (jedes Bild misst exakt 274 × 203 cm) monumental wirken lässt.

Der poetisch-emotionale Konzeptualismus, der Uslés gesamte Bildwelt durchzieht, begegnet uns hier in seiner strengsten, konzentriertesten Form. Jedes Bild entsteht aus der permanenten Wiederholung eines dunklen, je nach Bild zwischen grau, braun und schwarz changierenden Pinselstrichs, der Zeile für Zeile die Leinwand füllt und sie mit einer ganz eigenen, flachen Räumlichkeit versieht. Schwarze Bilder tauchen bereits im Frühwerk Uslés immer wieder auf. 1987 beispielsweise entsteht eine Serie kleinformatiger Arbeiten (Serie „1960 Williamsburg"), deren lichtlose Dunkelheit eine Schiffskatastrophe vor der Küste Spaniens in der Nähe von Santander reflektiert, bei der einige der in den umgebenden Dörfern wohnenden Spanier ums Leben kamen. Das existenziell-narrative Moment, das diese schwarzen Bilder beherrscht, weicht in den Arbeiten der „Amnesia"-Serie einer stärker formalisierten Haltung. Insbesondere *Encerrados (Amnesia)* von 1997 kann dabei als direkter Vorläufer der SQR-Arbeiten verstanden werden. Auf dem langgestreckten Rechteck der Leinwand wird das Schwarz mit einem breiten Pinsel Zeile für Zeile horizontal über das Bildfeld gezogen und erzeugt jeweils dort, wo der Pinsel anhält oder abbricht, einen hellen vertikalen Strich, der das Bild wie einen dunklen, geflochtenen Gatterzaun wirken lässt, durch dessen Spalten ein weißes, kühles Licht scheint. Im Gegensatz zu den erwähnten Arbeiten, die alle im Querformat gemalt wurden, sind die SQR durchweg vertikal organisiert. Das ist mehr als eine formale Änderung: Es ist der Wechsel von einer grundsätzlich landschaftlichen, an der Horizontlinie orientierten Auffassung des Bildes zu einem eher tektonischen und zugleich die Vertikalität des menschlichen Körpers reflektierenden Bild-Maß. Mit ihren knapp drei mal zwei Metern sind die Werke so groß, dass sie uns mit ihrer Präsenz quasi umfassen, ganz einhüllen, und im gleichen Moment auch die Idee eines körperlichen Gegenübers formulieren, zu dem wir uns direkt verhalten können.

Entscheidend für das Verständnis der SQR sind die Entstehungsbedingungen dieser Malerei, die wiederum von dem Zugleich träumerischer Emotionalität und konzeptuellen Momenten bestimmt ist, was für das gesamte Œuvre kennzeichnend ist. Ursprünglich begonnen aus dem Bedürfnis heraus, ein und dasselbe Bild immer und immer wieder exakt zu wiederholen, folgt die Serie zwei methodischen

Festlegungen. Zum einen entstehen die Bilder (in
aller Regel) nachts. Zum anderen sind sie mit einer
geradezu existenziellen Körperlichkeit aufgeladen, da
der Künstler jeden Pinselstrich exakt im Rhythmus
seines Herzschlags auf die Leinwand setzt, wobei der
Pinsel jeweils bis zum nächsten Herzschlag auf die
Maloberfläche gedrückt wird. Der Pinselabdruck,
der nichts abbildet als sich selbst und damit die große
historische Sehnsucht der Malerei nach absoluter mimetischer Referenzlosigkeit, nach Bildern ohne Vorbildern aufruft, ist bei Uslé zu einer Art malerischem
Kardiogramm geworden,[6] einem Bild, das sowohl die
Geschichte der Malerei spiegelt und kommentiert wie
auch in einem ganz elementaren Sinne als Selbstporträt gelesen werden kann. Sein Echo in die Geschichte
der schwarzen Bilder hinein, von Goya bis Ad Reinhardt, ist denn auch deutlich nicht von dem Wunsch
nach dem „letzten Bild" oder ultimativen Purismus
bewegt, wie dies beispielsweise für Reinhardt galt.
Auch die religiös überhöhte Absolutheitsideologie,
mit der Malewitsch sein schwarzes Quadrat ausstattete, sucht man in Uslés Schwarz vergeblich.
Ganz sicher aber ist in diesen Bildern Schwarz eine
Farbe der Grenzüberschreitung vom Sichtbaren zum
Unsichtbaren. Schwarz ist eine Passage hin zu den
Bildern der Stille, des Traumes, der Nacht. Und diese
Nicht-Farbe, die zugleich die Summe aller Farben ist,
stellt für Uslé (hier trifft er sich mit Ad Reinhardt)
eine entscheidende Möglichkeit dar, das Licht, das
in allen seinen Arbeiten eine so große Rolle spielt,
sichtbar zu machen, gerade indem er es mit seinem
Gegenteil konfrontiert. Zu der Amnesie, von der Uslé
als produktiver Voraussetzung für seine Malerei gesprochen hat, kommt gewissermaßen die Erblindung:
das „Nicht(s)-sehen-Können als Bedingung für ein
anderes, inneres Sehen"[7]. SQR zeigt auf eindrucksvolle Weise, wie reich und farbig diese Verdunkelung
des Sehens sein kann. Die Serie beginnt 1997 gleich
mit einer der schwärzesten Arbeiten der gesamten
Folge, aus der sich erst nach und nach die horizontale Zeilenstruktur[8] der Pinselstriche und ein minimaler Farbverlauf zu einem schwärzlichen Blau im
unteren Bilddrittel zu erkennen geben. Diesem Bild
muss seine Sichtbarkeit sozusagen Blick für Blick
abgerungen werden. Seine in Zeilen organisierte
Bildlichkeit suggeriert eine Lesbarkeit, die uns dazu
herauszufordern scheint, es zu „entziffern", und uns
gleichzeitig jede mögliche Lösung verweigert.

Der Text, den diese Bilder schreiben, bezieht seine
Dichte daraus, dass er seine eigene Verdunkelung
betreibt, dass er Pinselstrich für Pinselstrich ein Bild

seiner eigenen, geheimnisvollen Undurchdringlichkeit
erschafft. Der Titel „Soñé que revelabas", zu Deutsch
etwa „Ich träumte, dass du erscheinst", macht dabei
nicht nur deutlich, dass diese Bildgenese weniger von
exakter Planbarkeit als von der Kraft der Imagination
bestimmt ist. In ihm steckt auch eine Referenz auf
den fotografischen Prozess, auf das geheimnisvolle
Erscheinen des Bildes im Entwicklerbad des Fotolabors. Im Lauf der Jahre gibt es dabei Phasen, in
denen die Pinselstriche heller, transparenter werden
und sich bisweilen in die strengen Rhythmus der
einzeln gesetzten, rechteckigen Pinselabdrücke breite,
horizontal gezogene Farbbahnen einschleichen, vgl.
SQR XII, 2002, und *SQR XV*, 2002. Zudem gestattet sich Uslé die Freiheit, in die strenge asketische
Schwarz-Grau-Monochromie hinein einzelne Farblinien und Farbpunkte zu setzen (*SQR XIV*), die vor
dem dunklen Fond geradezu schmuckhaft leuchten.
Vor allem in den helleren Bildern, in denen der Pinselabdruck kein gleichmäßiges, paralleles, hauchfeines
Linienraster ergibt, sondern sich als helles Zick-
Zack-Band auf der Leinwand manifestiert, wirkt die
Bildstruktur bisweilen wie gewebt und erinnert in
ihrer seriell-ornamentalen Qualität an Teppichmuster
[*SQR IX (Ikuros dream)*, 2001/02, *Onon*, 2008].

Noch deutlicher allerdings trägt die Bildstruktur der
SQR ein kinematografisches Moment in sich, nicht
zuletzt aufgrund der Struktur der Pinselstriche, die
in ihrer endlosen Addition wie Filmstreifen wirken.[9]
Der extrem dünne, durchscheinende Farbauftrag der
Vinyl- und Dispersionsfarben, mit denen Uslé arbeitet, und das wie hauchfeiner Puder über der Bildoberfläche liegende Pigment verstärken den transparenten, zelluloidartigen Charakter dieser Malerei,
die stets „auch etwas Phantasmatisches ausstrahlt,
die Aura eines virtuellen Nicht-Raums"[10]. Tatsächlich sind Kino und Film wie auch die Erfahrung der
von Neonflimmern durchstrahlten urbanen Metropole ein entscheidender Einfluss im Gesamtwerk des
Spaniers.[11] Uslé hat in diesem Zusammenhang in
einem seiner Texte aus dem Jahre 1993 ausgeführt,
dass ihn am Kino am meisten die reale Zeit fasziniere, die man verbraucht, während man den Film
betrachtet.[12] Diese Äußerung führt zu einem weiteren
zentralen Aspekt der SQR-Bilder: dem Zusammenhang zwischen Bild und Prozess. Es geht Uslé dabei –
und das gilt auch für das Gesamtwerk – um nichts
weniger als um eine Bildrealität, die in ihrer Totalität
zugleich den Prozess, der zu ihr führte, wie auch
jeden einzelnen Augenblick dieses Prozesses sichtbar und erlebbar hält. In diesem Sinn sind Moment

und Dauer, Prozess und Ergebnis auf jedem SQR-Gemälde unauflöslich miteinander verbunden. Das Momentum des Pinselstrichs addiert sich zu einem Prozess, der zu einem Bild führt, das in dem schimmernd-schmalen Zeit-Raum zwischen Präsenz und Verlöschen immer auch die Dauer abbildet, die es benötigte, dieses Bild zu malen. Ohne zum Meta-Text zu werden, speichern Uslés SQR verschiedenste Aspekte dessen, was heute ein Bild sein kann und zu sein vermag: Autoreflexiver Malakt, porträthafter Ausdruck des eigenen Körperbewusstseins, prozesshafter Nachvollzug von Augenblick und vergehender Zeit und die Vergegenwärtigung der ewigen Sehnsucht danach, im Bild etwas sichtbar zu machen, was eigentlich strukturell unsichtbar bleiben muss.

Anmerkungen:

1) Vgl. *Juan Uslé. Back & Forth*, Ausst.-Kat. IVAM, Institut Valencià d'Art Modern, Valencia 1996, S. 252.
2) Ebd. S. 259.
3) Ebd. S. 262.
4) Ebd. S. 260.
5) John Yau, „Embrace. The Paintings of Juan Uslé", in: *Juan Uslé. Switch on/Switch off*, Ausst.-Kat. Centro de Arte Contemporáneo de Málaga, Málaga 2008, S. 73.
6) Vgl. John Yau im Gespräch mit Juan Uslé (ursprünglich in: *The Brooklyn Rail*, April 2011), wiederabgedruckt in: *Juan Uslé*, Ausst.-Kat. Galerie Lelong, Paris 2013, S. 37ff.
7) Stephanie Rosenthal, *Die Farbe Schwarz in der New York School*, Dissertation, München 2003, S.51.
8) Bis auf die Arbeit *SQR V* (2000/01), auf der die Pinselstriche vertikale Zeilen bilden, weisen alle übrigen Arbeiten der Serie eine horizontale Zeilenstruktur auf.
9) Vgl. David Carrier im Interview mit Juan Uslé, in: *Juan Uslé. Open Rooms*, Ausst.-Kat. Museo Nacional Centro de Arte Reina Sofía, Madrid 2003, S. 38f, und John Yau, „Embrace. The Paintings of Juan Uslé", in: *Juan Uslé. switch on / switch off* 2008 (wie Anm. 5), S.74f.
10) Stephan Berg, „Das Momentum der Malerei", in: *Juan Uslé. First Time Germany*, Ausst.-Kat. Museum Morsbroich, Leverkusen 2002, S.22.
11) Vgl. dazu auch das Werk von David Reed.
12) *Juan Uslé. Back & Forth* 1996 (wie Anm. 1), S. 255.

Raphael Rubinstein

IN DER NACHTWELT

Ich stehe vor einem Bild von Juan Uslé aus den Jahren 2001/02, der Nummer XVI in einer Serie, die den Titel „Soñé que revelabas" (Ich träumte, dass du erscheinst) trägt.

Mein erster Eindruck der drei Meter hohen und über zwei Meter breiten Leinwand ist der von dutzenden schwarzen Bändern, die Zeile um Zeile straff über das Bild gespannt wurden. Ich stelle mir also vor, dass Horizontalität die Grundlage des Bildes ist und vielleicht sogar sein „Thema". Dann aber bemerke ich beinahe sogleich etwas, dass dieser ersten Annahme entgegensteht: Jedes der „Bänder", wie ich sie für mich nenne, besteht aus unzähligen senkrechten Linien, die der Künstler in abgehackten Pinselbewegungen auf die Leinwand gesetzt hat.

Wie kann ein Gemälde von so ausgeprägter Horizontalität in Wirklichkeit aus einer immensen Zahl von Vertikalen bestehen? Ich stelle die Frage einstweilen hintan und besehe mir das Bild genauer. Dabei stelle ich fest, dass jede der senkrechten Linien innerhalb der waagerechten Bänder ihrerseits zahllose kleine Schwingungen aufweist. Die Abstände dieser schwingenden Linien schwanken sowohl innerhalb eines Bandes als auch im Verhältnis zu den Bändern darüber und darunter.

Jede der senkrechten Linien ist ein wenig gekrümmt, als stehe sie unter Druck. Das verleiht dem Gemälde etwas Geologisches, lässt an Sedimentschichten denken oder an der Erdkruste entnommene Bohrkerne.

Dann fällt mir ein weiteres lineares Element auf: Jedes der Bänder ist von helleren Adern wie winzigen Blitzen durchschossen, vielleicht den Reflexen eines harten Streiflichts.

Plötzlich wirkt es auf mich wie eine Schultafel, die nach irgendeinem System methodisch abgewischt wurde, oder wie eine mit Kreidestrichen geführte Zählung.

Die Bänder schließen sich zu helleren und dunkleren Gruppen zusammen. So sind die obersten fünf Bänder dunkler als die fünf darunter, die wiederum heller sind als die nachfolgende Gruppe (man kann sie sich wie Folgen von Wellen vorstellen, die ein Segler oder Surfer aufmerksam verfolgt), die von oben nach unten nach und nach dunkler wird, bevor das nächste Farbereignis auch sie unterbricht.

Wie alle Gemälde in der Serie SQR gleicht dieses Bild einer symphonischen Komposition, in der Instrumente ihren Einsatz haben und wieder verstummen, sodass ein unablässig sich wandelndes Klanggewebe entsteht. Man könnte es als Partitur für ein Musikstück verwenden.

Dann kommen zwei Zeilen, in denen die weißen senkrechten Linien sehr weiß sind, was meine Aufmerksamkeit auf eine weitere Art der Variation lenkt: In jeder Gruppe von Bändern hat das Verhältnis von Weiß (Linie) zu Schwarz (Grund) eine andere Wertigkeit.

Und dann darf ich die schmalen schwarzen waagerechten Lücken zwischen den Bändern nicht übersehen. Noch dazu sind diese „Ritzen" an einigen Stellen in der Nähe des oberen und des unteren Randes des Bildes nicht schwarz, sondern weiß.

Ein Band (das zweite von oben) zeigt einen deutlichen silbrigen Schimmer, oder liegt das nur an der Beleuchtung? Ich wechsle den Blickwinkel, um herauszufinden, ob das, was ich da sehe, „in der Malerei selbst" liegt oder eine „Wirkung des Lichts" ist. Aber natürlich sind diese zwei Kategorien überhaupt nicht auseinanderzuhalten, jedenfalls nicht bei einem Maler wie Uslé.

Mal wirkt jedes Band auf mich wie ein aus einem Baum herausgesägter Streifen Holz, auf dem sich die Jahresringe abzeichnen, mal wie ein Stück Magnetband, das ein Tonmeister abgeschnitten hat.

In einigen der Bänder fangen die Linien an, sich ein wenig nach links oder rechts zu neigen.

Ich denke an aus altmodischen metallenen Lettern gesetzte Zeilen. Dann wieder erinnern die Bänder mich an Keilschrifttafeln, eine Verknüpfung, die mir zuerst in den Sinn kam, als Uslé erwähnte, dass einige Gemälde aus der Serie SQR die Untertitel *Tigris* und *Éufrates* tragen (sie entstanden in Reaktion auf den Irakkrieg).

Uslé selbst beschreibt die Arbeit an den SQR-Bildern als an die innere Tätigkeit seines eigenen Körpers gekoppelt. „Ich bewege den Pinsel und drücke bis zum nächsten Schlag meines Herzens auf. Ich versuche, mich an eine Sequenz, einen Rhythmus zu halten, der vom Takt meines Herzschlags vorgegeben wird." Ein Grund, warum er, vor allem in New York, vorwiegend nachts an der Serie arbeitet, ist, so sagt er, dass er Ruhe braucht, um sich auf das Pulsieren seines Blutes konzentrieren zu können. Die Anknüpfung der Pinselbewegung an die des Blutes bedeutet, dass die Bilder zu einem gewissen Grad durch seine körperliche Verfassung bestimmt werden. „Das Ergebnis", so erklärt er, „wechselt von Arbeit zu Arbeit und von Tag zu Tag je nachdem, wie ruhig oder erregt mein Puls ist (das Herz pumpt nicht immer gleich viel Blut)".

Die Linien in Uslés SQR-Bildern (also die kurzen Vertikalen, aus denen die waagerechten Bänder zusammengesetzt sind) sind nicht einzeln gesetzt, sondern ergeben sich aus einem Prozess (in dem der Pinsel im Rhythmus des Herzschlags des Künstlers nacheinander aufgedrückt und wieder angehoben wird). Dieser Prozess liegt den größeren Mustern zugrunde, die demnach nicht das Ergebnis bewusster Entscheidungen sind. Das erklärt wohl ein Stück weit das textilartige Erscheinungsbild der Gemälde, die manchmal an Moiréseide und andere Gewebemuster erinnern. Überhaupt lassen Uslés Bilder auch außerhalb der Serie SQR oft an gemusterte Stoffe, insbesondere an bestimmte afrikanische Textilien, denken, also an das, was der Forscher Robert Farris Thompson „rhythmisierte Textilien" nennt.

Doch obwohl sie in einem Prozess entstehen, ist jede der Linien (in *SQR XVI* sind sie senkrecht, in ande-

ren Arbeiten diagonal) einzigartig. Es wäre unmöglich gewesen – oder hätte doch ein aus ganz anderer Quelle gespeistes künstlerisches Empfinden erfordert –, jede dieser Linien von Hand zu ziehen. Und dann hätte Uslé keinen Zugang zu jener tiefgründigen physischen Ordnung gewonnen, aus der die Serie ihre Kraft bezieht.

Die SQR-Bilder sind äußerst trockene Gemälde. „Trocken" nicht im Sinne eines Mangels an Empfindung oder Gefühl, sondern als das Gegenteil von nass. Sie sehen aus, als hätte man sie aus nichts als Schiefertafeln und Kreidestaub herstellen können oder aus versteinertem Wetter oder aufgezeichneten Klängen. „Trockenpigment" ist in der Tat eines der Materialien, die der Künstler verwendet; dazu kommen Vinyl und Dispersionsmedium. Man denkt nicht, dass sie mit einem Pinsel gemalt sind (auch wenn man weiß, dass dem so ist). Nirgends ist auch nur ein Tropfen zu sehen.

Das methodische Verfahren und das Vorgehen, in einer oberen Ecke anzufangen und die Leinwand Zeile um Zeile auszufüllen, erinnert unwillkürlich an das Werk Roman Opałkas, eines polnisch-französischen Künstlers, der sich bis zu seinem Tod beinahe ausschließlich damit beschäftigte, Leinwand nach Leinwand in dicht aneinandergesetzten Zeilen mit weißen Zahlen auf immer hellerem Grund zu bemalen. Beide Künstler scheinen ihr Werk und den Betrachter in ein Reich der Meditation zu führen, mit dem Ziel einer Zen-artigen Entleerung des Bewusstseins. Die Arbeit an diesen Bildern, so Uslé, „ist, als füllte ich die Welt mit Stille, einer Stille aus dem Nichts, auch um einen wenigstens ausreichend großen, großzügigen Raum zu bezeichnen, der zu diesem Zweck gewählt wurde. Es ist wie ein Exerzitium, eine Reinigung, eine Suche nach Leere anhand einer biologischen Bezugsgröße. Vielleicht male ich diese Bilder, weil unser Sehen zu verunreinigt ist und weil Bilder uns manchmal quälen. Wir sind von Bildern überlastet, die wir ständig einatmen." Allerdings verlässt Uslé sich auf die inneren Rhythmen seines Körpers, wohingegen Opałka eine strenge mathematisch-konzeptuelle Struktur schafft.

Andere Kritiker (Kevin Power, Alisa Tager) haben das besondere Flackern in Uslés Gemälden bemerkt. Die Bilder der Serie SQR zeigen einen stroboskopartigen Effekt, als sei eine Lichtquelle in schnellem Takt ein- und ausgeschaltet worden, um ein Gefühl verlangsamter Bewegung zu vermitteln. Sie legen einen interessanten Zusammenhang zwischen pulsierender Beleuchtung und dem inneren Puls des menschlichen Körpers nahe.

Neben der lebendigen Farbigkeit anderer Gemälde von Uslé mögen die SQR-Bilder wie „schwarze" Malerei wirken, aber gemessen am Werk des berühmtesten Schöpfers „schwarzer Bilder", Ad Reinhardt, zeigen Uslés Leinwände ein reiches Spiel der Farben. Es gibt SQR-Bilder mit blauen Bändern, roten, grünen und rosafarbenen Linien, Reihen roter oder gelber Punkte.

Zwei andere „schwarze" Werkgruppen: Goyas (die allerdings eher der Stimmung als der Farbgebung nach „schwarz" sind) sowie eine Reihe von Bildern aus der Mitte der 1960er Jahre, die die Künstlerin Joan Mitchell ihre „schwarzen Bilder" nannte – „obwohl Schwarz in ihnen nicht vorkommt".

Bei einem Besuch in Uslés Atelier in einem alten Gebäude an der Ecke Broadway und Bleecker Street erwähne ich, das Ad Reinhardt sein Atelier ebenfalls am Broadway hatte, nur vier Blocks weiter nördlich, im Haus Broadway Nr. 732. Uslés Bemühen um Abbildlosigkeit in der Serie SQR hat viel mit Reinhardts Projekt gemeinsam, aber man kann sich kaum einen Künstler vorstellen, der weniger doktrinär, weniger auf Ausschließung bedacht wäre. Später dachte ich darüber nach, wie wichtig der Broadway für einen anderen nach New York eingewanderten Künstler war, der von großer Bedeutung für Uslés Arbeit ist: Piet Mondrian, den Schöpfer von *Broadway Boogie Woogie* (1942/43). 1991 malte Uslé ein Bild mit dem Titel *Boogie-Woogie*, in dem Tropfen weißer Farbe auf rotem Grund ein Raster bilden.

Das urbane Umfeld ist für Uslé entscheidend, wie die vielen Fotos von architektonischen Details zeigen, die er in verschiedenen Städten aufgenommen hat. In ihnen treten Licht, Farbe und Muster in ein leuchtendes Wechselspiel, das sich unverkennbar in seinen Gemälden widerspiegelt. Uslé zählt offenbar zu den abstrakten Malern, deren Werk unmittelbar mit bestimmten Stadtlandschaften kommuniziert. In dieser Hinsicht sehe ich seine Malerei in der Nähe des Frühwerks Ellsworth Kellys und der von Paris und New York inspirierten Kompositionen Shirley Jaffes.

Als ich Uslé an einem Tisch gegenübersaß, fiel mir die Backsteinmauer des Nachbargebäudes nur wenige Meter vor seinem Atelierfenster auf: das

Bayard-Condict Building, das einzige Werk des großen Architekten Louis Sullivan in New York. Das zwischen 1887 und 1889 errichtete Bayard-Condict war einer der ersten Stahlskelettbauten in der Stadt. Seine Terrakotta-Schaufassade ist unverwechselbar, aber die von Uslés Atelier aus sichtbare Seitenfront des Gebäudes ist eine schmucklose Ziegelmauer. Mir schien offenkundig, dass jahrelange Arbeit in unmittelbarer Nachbarschaft zu dieser riesigen Backsteinfläche Uslés Herangehensweise an Modularität wie auch seine nuancierte Verwendung wechselnder Farben beeinflusst haben musste. Der Künstler sagte mir, dass ein bestimmtes Werk, ein dunkles horizontales Gemälde aus dem Jahr 1997 mit dem Titel *Encerrados (Amnesia)*, ein Vorläufer der SQR-Gemälde, ihn besonders an die Backsteine von Sullivans Gebäude erinnert.

Im Gespräch mit mir erwähnte Uslé ein „Negro el 10" überschriebenes Gedicht von Julio Cortázar (der Titel, „Schwarz, 10", bezieht sich auf das Roulette-rad). Obwohl ich Cortázars Werke seit langem kenne und sehr schätze, war mir dieses Gedicht neu. Der Autor verfasste es in einem Pariser Krankenhaus nur wenige Tage vor seinem Tod im Jahr 1984. Das als Begleittext zu einer Reihe von Lithografien seines Freundes Luis Tomasello entstandene Gedicht besteht aus zehn nummerierten kurzen Stücken, die sich aus verschiedenen Blickwinkeln dem Thema Schwarz nähern. Im ersten Stück geht es um die Vorstellung von Schwarz als Leere: „1. Empieza por no ser. Por ser no. El Caos es negro. / Como es negra la nada." (Zu Deutsch ungefähr: „1. Fang an damit, nicht zu sein. Das Nicht zu sein. Das Chaos ist schwarz. / Wie das Nichts schwarz ist.") Das zweite Stück schließt mit einem Satz, von dem ich angesichts des Wechselspiels von Licht und Dunkelheit in den SQR-Bildern – wo es scheint, als habe sein schwarzes Pigment ein gleißendes Licht eingefangen, das es jetzt in einem unregelmäßigen Aufblitzen freigebe – vermute, er sei für Uslé von besonderer Bedeutung: „Toda luz en el carbón se abisma en el basalto" – „Alles Licht in der Kohle versinkt im Basalt".

Die SQR-Gemälde unterscheiden sich von Uslés anderen Bildern nicht nur in ihrer reduzierten Farbgebung und der von Kante zu Kante geschlossenen All-over-Malerei, sondern auch in ihrer Einheitlichkeit, ihrer seriellen Struktur. Normalerweise beginnt er die Arbeit an jedem neuen Werk ohne Voraussetzungen und sucht, wie er sagt, nach „Nicht-Wiederholung", aber nachdem er drei „schwarze" Bilder gemalt hatte, beschloss Uslé, dass die Zeit reif war, seine eigenen Regeln zu brechen. „Ich dachte mir, warum nicht mit einem neuen Projekt anfangen, das auf dieser Idee [der Gleichförmigkeit] beruhen würde, das die Idee und die Möglichkeiten der Wiederholung erkunden würde?"

Die SQR-Bilder sind auf eigene Art zurückhaltend. Die Wiederholung in ihnen hat, so scheint mir, weniger mit klassischer Minimal Art zu tun als mit Brian Enos Idee der Ambient-Musik, also Kompositionen, die auf die Herstellung eines angenehmen akustischen Umfelds zielen. Enos erste Ambient-Musik auf dem 1978 erschienenen Album *Ambient 1: Music for Airports* verbreitet ein Gefühl gelassenen Dahintreibens. Durch den Einsatz von Endlosbändern verschiedener Spieldauer entsteht der Eindruck eines Gleitens zwischen wiederkehrenden Klangeinheiten; darin ist diese Musik der Verschmelzung von Wiederholung und Zufall in Uslés Gemälden sehr ähnlich. Ich stelle mir vor, wie er spätabends in seinem New Yorker Atelier arbeitet; die Geräusche des Verkehrs in den Straßen mehrere Stockwerke unter ihm dringen nur gedämpft und wie von fern ein, sodass sein Loft so still ist, dass er die Rhythmen seines eigenen Blutkreislaufs hören/ spüren kann: ein Soundtrack ganz im Stil von Enos Ambient-Musik, den ich mir so deutlich vorstellen kann, dass ich ihn beinahe höre. Ein Hauptmerkmal dieser Musik ist die Freiheit, die sie dem Hörer lässt. Im Begleitheft zu *Music for Airports* erklärt Eno, Ambient-Musik müsse „vielen verschiedenen Aufmerksamkeitsniveaus Rechnung tragen, ohne ein bestimmtes zu erzwingen". Auf bemerkenswert ähnliche Weise fordern die SQR-Bilder nie die Aufmerksamkeit des Betrachters ein, sondern erwarten sie geduldig. Es gibt nicht die eine richtige Weise, diese Bilder zu anzusehen: Der Blick kann über sie hingleiten, so wie man auf hoher See das Auge über den Horizont streifen lässt, oder bei Einzelheiten stehenbleiben und sie genauer mustern. Als Antwort auf eine lange Geschichte modernistischer Abstraktion sind die Gemälde mit ihrer Eleganz, formalen Komplexität und raffinierten Behandlung von Raster und Feld eine Augenweide, aber sie lassen sich insbesondere angesichts ihrer quasi-indexikalischen Grundlage in der zwingenden Verknüpfung von Pinselstrich und Puls auch als Versuch betrachten, sich dem Erbe eben dieser Abstraktion zu entziehen.

Uslé sagt, dass der Titel sich auf das Reich der Träume bezieht, aber auch auf die fotografische Dunkelkammer. Das Spanische kennt für sie zum einen den Ausdruck *cuarto de reveler*: eine Kammer der Entwicklung oder Offenbarung. Die andere Bezeichnung, *cuarto oscuro*, kommt dem englischen *darkroom* oder dem deutschen Wort *Dunkelkammer* näher. Oft denken wir uns Dunkelheit und Offenbarung als Gegensätze. Es zählt zu den vielen denkwürdigen Paradoxien der Bilder in Juan Uslés Serie „Soñé que revelabas", dass sie uns zeigen, wie viel sich im Schutze der Dunkelheit offenbaren lässt, in tiefer Nacht, wenn wir der raunenden Musik unseres unsichtbaren Blutes lauschen, wenn wir aus Fenstern auf alte Backsteinmauern blicken, wenn wir uns dem bevorstehenden Erlöschen allen Lichtes in einem im Krankenhausbett verfassten letzten Gedicht stellen, wenn wir vor einem Gemälde stehen, bei dem ein Künstler seine normale Palette beiseitegelegt hat, um uns einzuladen, ihm in eine Nachtwelt zu folgen.

Alle Äußerungen des Künstlers zitiert nach „Juan Uslé with John Yau", einem im April 2011 in *The Brooklyn Rail* erschienenen E-Mail-Interview. Julio Cortázars Gedicht „Negro el 10" findet sich in einer Druckfassung sowie im Originalmanuskript auf der Webseite der *Revista de la Universidad de México*: http://www.revistadelauniversidad.unam.mx/0104/pdfs/negro.pdf, und auf Seite 3 in diesem Katalog.

Ángel González

SQR: DAS NACHTLIED

„Wenn du träumst, du seiest wach,
dann weil dir keine andere Wirklichkeit
mehr bleibt als dein Schlaf."
José Bergamín

„Jedes Bild ist ein Schlaf für sich."
Walter Benjamin

Die Abstraktion, die jäh zwischen den Erfordernissen der Geometrie und der trügerischen Schicksalhaftigkeit der Geste hin und hergerissen ist, gerät seit ihren Anfängen immer wieder ins Stolpern. Sie bleibt hinter fast allem, was ihr anfangs noch erreichbar zu sein schien, zurück, verkündete sie doch im Brustton der Überzeugung eine grenzenlose und vielversprechende „Welt", die dem Leben gegenüber ebenso aufgeschlossen sei wie die Welt im eigentlichen Sinne, diejenige, die wir bewohnen und die über Jahrhunderte hinweg die Künstler inspiriert hat.[1]

In der Tat schien alles möglich, und am Ende blieb doch fast nichts davon übrig. Mangels intellektueller Grundlage – denn weder Kandinsky noch Greenberg gaben etwas anderes als Geschwätz von sich[2] – und vor allem in Ermangelung eines Bewusstseins für die eigenen figurativen Fähigkeiten – nennen wir es einmal so, obgleich es paradox klingt – führt die Abstraktion auch weiterhin ein kümmerliches Dasein als Fantasma und Stereotyp ihrer selbst. Sie steckt in einer Sackgasse, insbesondere da sie sich in gewisser Weise ihrer eigenen Geschichte gegenüber verpflichtet fühlt. In den Vereinigten Staaten, wo sie als Teil der Tradition gewürdigt wird und häufig dem verhaftet ist, was fälschlicherweise als ihr wesentlicher Beitrag zur Kunst des 20. Jahrhunderts gilt, könnte sie nicht bleierner und beklemmender sein.

Ich möchte nicht meine Geringschätzung gegenüber jener Kunstgattung verschweigen, die unfähig ist, sich als Dekor zu bekennen und sich davon zu befreien, auch wenn sie einer erhabenen Kunstgattung sehr nahe kam. Nur daraus, dass ich gleich zu Beginn mein Misstrauen gegenüber der Abstraktion ausdrücke, die in meinen Augen bereits verkümmert ist – und zwar ungeachtet ihrer beklagenswerten „geistigen" Neigungen –, gewinnt der Anspruch, den ich hier an die Malerei Juan Uslés stelle, all seinen Sinn. Warum sollte ich noch weiter darum herumreden, oder es bis zum Schluss zurückhalten? Uslés Malerei ist für mich ohne Zweifel die attraktivste und stimulierendste, die ich kenne, die einzige überhaupt, selbst in diesen Zeiten, in denen die Abstraktion ausgelaugter denn je zu sein scheint.

Der Grund für diese wunderbare und allgemein anerkannte Erhabenheit sind nicht nur Juans malerische Fähigkeiten, sondern ist auch und vor allem etwas, das diese Fähigkeiten erst zum Vorschein und zur Entfaltung gebracht hat, etwas, das, wie ich bereits sagte, bei der großen Mehrheit derjenigen, die sich in der Abstraktion ergehen, schmerzlich zu fehlen begann: das klare Bewusstsein für seine Stärken; oder einfach die sich in Juans Malerei so wunderbar offenbarende Tatsache, dass er alles kann, dass er es praktisch mit allem aufnehmen kann; anders gesagt, mit sämtlichen Erfahrungen, die der Künstler mit der Welt in ihrer Gesamtheit gesammelt hat: mit jeder Sache, die er gesehen oder gespürt hat, zu jeder Tages- und Jahreszeit, unter den beliebigsten Umständen, in der Großstadt oder in einer Berghütte… Soweit ich weiß, hat noch niemand – auch nicht Pioniere wie Kandinsky oder Kupka – jemals ein so ambitioniertes Programm für die Abstraktion formuliert, das einfach alles umfasst, alles Erlebte und Erinnerte, und sei es im Traum.

Juan hat es auf so prägnante und überzeugende Weise gesagt, dass es seinen Bewunderern nicht umsonst in Erinnerung geblieben ist: „Abstraction is a blind room, but everything is there. You need only press a button and everything will appear."[3] Die Kritiker haben sich nicht ohne Grund mit diesem *Dictum* Juans aufgehalten, die meisten waren allerdings besessen davon, den einen Schalter umzulegen, mit dem sich *alles* ans Licht bringen ließe.[4] Wichtig ist jedoch, dass *all dies*, wenn auch im Dunkeln verborgen, so doch schon vorher latent vorhanden war; dass das Zimmer von Anfang an zwangsläufig voll war von dem, was auf den ersten Blick nur als Dunkelheit erschien. Womit konkret, das werde ich hier zu beschreiben versuchen.

Die Vorstellung von einem Schalter hat die Berichte über Juan mit Sicherheit ein wenig verfälscht. Plötzlich, so erzählen uns die verblüfften Kritiker, *ist es hell*; das Licht *blendet* beinahe noch stärker als die zuvor im Raum herrschende Dunkelheit. Alles scheint sich blitzschnell in einem einzigen „Augenblick" zu ereignen und auf ebenso wundersame Weise, wie wenn man einen Lichtschalter betätigt. In Kürze werden wir sehen, wie die Bilder der gerade ausgestellten Serie „Soñé que revelabas" (SQR) [Ich träumte, dass du erscheinst] diesen Augenblick der vollkommenen und allumfassenden Illumination, dieses gleichsam göttlichen Geschehens einfangen, bei dem es plötzlich, unabhängig von dem, was erleuchtet wird, hell wird. In der *Genesis* dagegen – ach! – gab es noch nichts, nur Licht, frei von allem, was man hätte malen können, denn das Licht selbst lässt sich nicht malen, ganz gleich, was man auch behaupten mag. Dazu zählen etwa Dummheiten wie, dass es „Maler des Lichts" gebe, oder Bilder, „die vor Licht nur so strotzten", so als könnten sie einem bei Stromausfall den Weg durch das Haus leuchten.

Wir haben es hier jedoch mit Bildern zu tun, die entweder hell oder dunkel sind – und dies mal mehr und

mal weniger. Und so kommt es, dass Émile Zola, wenn er von den Impressionisten seiner Zeit spricht, sagt, dass ihre Bilder – im Gegensatz zum traditionell „dunklen Salon" – einen „hellen Salon" darstellten. Wir können also sagen, dass das, wenn man den fragwürdigen Schalter betätigt, Helligkeit schafft; und ich verstehe das so, dass der Maler immer mehr Klarheit darüber gewinnt, dass die Abstraktion einfach *alles vermag*, zumindest ebensoviel wie das Figürliche. Ich stelle mir vor, wie Juan dies nach und nach bemerkt, und zwar auf beinahe dieselbe Weise, wie wenn sich tagsüber die Helligkeit gegen die nächtliche Dunkelheit durchsetzt. Früher sagte man auf Spanisch „al clarear" (wenn es hell wird) und veranschaulichte damit einen Prozess, der durch das heute geläufige Wort „amanecer" (Tagesanbruch) abgeschwächt und komprimiert wird.

Das Malen kreist, ebenso wie jede andere menschliche Arbeit, um den Tag. Die Arbeiten und die Tage wurden nicht zufällig in einem Zusammenhang genannt. Und gewiss ist „el alba" (die Morgendämmerung, eigentlich „das Weiße", Anm. d. Ü.) – ein Wort, das die allmählich anbrechende Helligkeit in ihrer extremsten Form zum Ausdruck bringt – diejenige Tageszeit, die ausnahmslos allen gehört: Sie ist die Zeit der Nachtschwärmer, der Freunde der Nacht, die nach Hause kommen, und die Zeit derjenigen, die aufstehen, um zur Arbeit zu gehen. Das elektrische Licht hat es nicht vermocht, diese strenge und mächtige und darüber hinaus als vernünftig wahrgenommene Ordnung vollständig aufzubrechen, sodass die Verrücktheit Don Quijotes sich gleich zu Beginn des Romans zeigt: in seiner Verwirrung zwischen den Nächten, in denen er „von einem lichten Moment zum nächsten wechselte", und den Tagen, an denen sich hingegen „ein trüber Moment an den anderen reihte". Was für eine geniale Art und Weise zu erklären, was nicht jene beklagenswerte Kategorie von Verrücktheit zu sein scheint, für die wir nur Mitleid aufbringen können, sondern eben jene andere, die das routinemäßige und langweilige Leben von Alonso Quijano, wie Cervantes selbst es kurz zusammenfasst, in sein Gegenteil, nämlich in ein bewegtes und buntes, abenteuerliches und für die Leser des Buches noch immer höchst interessantes Leben verwandeln wird!

Dies mag die Art von Verrücktheit gewesen sein, die die Psychiater des ausgehenden 19. Jahrhunderts leichthin mit künstlerischem Talent in Verbindung brachten, und die sogar – der in vielen Dingen doch

so konservative – Jacques Lacan den Paranoikern
zuschrieb. Viele Leser mögen dies höchstwahrschein-
lich für einen alten Zopf halten, doch tatsächlich
lassen die Gründe, aus denen ein Mensch letzten
Endes Künstler wird, keine bessere Erklärung zu
als jene Unordnung, die der junge William Blake,
im Unterschied zu der verzagten Meinung von Sir
Joshua Reynolds hinsichtlich des äußerst ungeordne-
ten, ja sogar exzessiven Lebens, das Raffael geführt
hatte, reklamierte. Und welche Unordnung – und Sie
sehen schon, dass ich so pompöse Ausdrücke wie die
platonische *theia mania* zu vermeiden suche – könnte
größer sein als diejenige, die sich zwischen Tag und
Nacht ereignet, die andererseits schon wieder so
modern ist, moderner als alles andere?

Doch es war sicherlich kein blitzartiges Licht, das
Juan Uslé die ungeheuren Fähigkeiten der Abstraktion vor Augen führte, die seine Malerei auf so
herausragende Weise zu erforschen und auszunutzen
vermochte. Vermutlich waren es die Hirngespinste
zwischen Helligkeit und Dunkelheit, die Verwirrung,
die sich beim Heller-Werden ausbreitet. Auf diesem
verwirrenden und unbeständigen, schmalen Grad
„beginnt“ Juans Malerei, dort, wo sie sich in eine
Malerei aufspaltet, die zum einen mit aller Kraft
zum Glanz des Tages hin strebt, und ihre Augen
andererseits weiterhin auf die lichtundurchlässige
Nacht gerichtet sind. Masken, vermutlich das älteste
und mächtigste *Artefakt*, zeigen uns im Dunkeln
die grundlegende Duplizität des künstlerischen
Schaffens; die Täuschung, die Daedalus als der erste
Künstler überhaupt sogar in seinem eigenen Verhalten an den Tag legte.

In dieser Hinsicht stellt SQR gewiss nicht den
Schlüssel zu Juans Malerei dar, denn in der Malerei hat derlei mit Sicherheit keinen Platz und wird
von ihr auch nicht benötigt; dies ist schlichtweg der
Ort, an dem sie mit der Dunkelheit der Nacht in
Berührung kommt,[5] die niemals so verschlossen ist,
als dass man sie mit schwarzer Farbe wiedergeben
müsste. Mit welcher also dann? „Nachts“, so heißt
es in einem spanischen Sprichwort, „sind alle Kat-
zen braun“, als wolle man sagen, dass zu dieser für
Streifzüge so günstigen Zeit alle dieselbe Farbe haben
wie die Nacht, eine ebenso unbestimmte Farbe wie
Braun, eine dunkle Mischung aus Schwarz und Rot,
gelegentlich mit einem Stich ins Gelbe, das „einzige“
glaubwürdige Schwarz, das schon Goya und die Impressionisten uns nahebringen wollten. Die Farbe der
Nacht also, und so ist es nicht verwunderlich, dass

manche auf Spanisch „al pardear“ (wenn es braun
wird) statt „al anochecer“ (bei Einbruch der Nacht)
sagen. Sie schaffen damit einen deutlichen und
wunderbaren Gegensatz zu „al clarear“ (wenn es hell
wird) und verwenden diesen Ausdruck noch immer
anstelle von „al amanecer“ (bei Tagesanbruch) …

Die Nummer VII der Serie SQR ist die einzige, die
in konventionellem Braun gemalt wurde, einem Erd-
oder Kastanienbraun; der Rest führt hinein in eine
noch unzureichender definierte, wenngleich ausgie-
big nuancierte Skala, wie es bei einem derart für
Farben empfänglichen Maler zu erwarten war – und
für mich vielleicht noch mehr in diesen Nacht- als
in den Tagbildern. Eingefügte grelle, vor allem blaue
Farbstreifen wie sich im Dunkeln öffnende Ritzen,
Anzeichen des neuen Tages, bestätigen, dass es sich
nicht um direkte Darstellungen der Nacht handelt –
was für einen Maler, der für Abstraktion steht,
nicht sehr angemessen wäre –, sondern um zwischen
ihn und die Nacht eingefügte Schussfäden, ganz
vielfältige geometrische Strukturen wie Rollläden,
Jalousien, Vorhänge oder Gardinen, durch deren
Zwischenräume die auf der anderen Seite sich aus-
breitende Helligkeit dringt. Manchmal regelmäßig,
so wie bei den Rollläden, manchmal in Form unre-
gelmäßiger Flecken. Das beste Beispiel hierfür in der
Serie ist das Bild Nr. VI, mein Lieblingsbild, auf dem
das helle Tageslicht tropft und eine Art Halskette
bildet, ein öliges Rinnsal, das auch etwas von einer
langen Kette aus Zähnchen hat, was schlagartig jene
herrliche barocke Metapher verständlich macht, die
viele als zu gekünstelt empfinden: „Deine Zähne wie
Perlen …“ etc. Hatten wir uns nicht bereits darauf
verständigt, dass es die Abstraktion mit allem und
jedem aufnehmen kann?

Das Bild vom Rollladen, das sich gerade bei diesem
Werk aufdrängt und uns allen so viele Erinnerungen
an späte Momente des Aufstehens bringt, ist trotz
allem nicht das häufigste der Serie SQR. Auch nicht
das beunruhigendste. Letzen Endes erscheint uns ein
geschlossener Rollladen als ausreichende Barriere
zwischen unserem Zimmer und der Außenwelt. Vorhänge und erst recht Gardinen empfinden wir dagegen nicht nur als sehr wenig Schutz gebend, sondern,
schlimmer noch, sie verharren selten in derselben
Position und wirken beunruhigend, weil sie dazu
neigen, sich zu bewegen. *Abierto*[6] (Offen), *Inquieto*
(Unruhig) und *Movedizo* (Bewegt), wie Juan drei Bilder der Serie genannt hat, sind sowohl Eigenschaften
der Nacht als auch von gewissen, durchscheinenden

Geweben wie Gaze oder Seidenspitze[7], die bei der Herstellung von Gardinen verwendet werden, deren spanischer Name „visillo" uns schon allein zu denken geben müsste.

Walter Benjamin erlebte in einem Zustand der Bewusstseinsstörung, was nun in der entsprechenden Erzählung in „Über Haschisch" nachzulesen ist. Darin macht er über das Ornament Aussagen, die sich ebenso gut über Juans Malerei machen ließen, insbesondere dass es sich dabei um ein Gewebe aus sich kreuzenden Fäden handelt. Die textile Struktur ist unverkennbar und ein typisches Merkmal von Juans Malerei. Er selbst hat es uns durch einige seiner Werktitel verraten: Sie bilden eine Reihe von Begriffen, mit denen sich das semantische Feld von Gewebe definieren lässt. Dazu zählen *Netz, Knoten, Schlingen, festbinden, verknüpfen* … nicht zu vergessen, dass in einem Titel absichtlich auf Madras-Gewebe verwiesen wird, einen Stoff aus unregelmäßigen Karos und beinahe immer sehr leuchtenden Farben, die Juan in seiner Malerei mit Geschick und Beharrlichkeit nachahmt.

Natürlich ist dies nicht der Ort, um über die zahllosen – technischen, sagenumwobenen oder metaphorischen – Aspekte einer so alten und angesehenen Kunst zu referieren, über „Zeus' Metier". So bezeichneten es John Scheid und Jesper Svenbro in ihrem Buch über die Vorstellungen, die sich die Griechen und Römer der Antike in Form von aussagekräftigen und satten Metaphern von Leben, Glaube und Brauchtum der Menschen machten. Damit genug und zurück dorthin, wo wir stehen geblieben waren: zwischen Tageslicht und Tageslicht, in Erinnerung an jenes allseits bekannte Weben und Auftrennen durch Penelope, jenes zweifelhafte Gelübde, das sich ebenso in ihr Brautkleid wie in das Leichentuch für Laertes hätte verwandeln können … Unglaublich, welche Erinnerungen allein der Akt des Webens heraufzubeschwören vermag! Juan kann das unmöglich außer Acht gelassen haben, während er, gleichsam im Dunkeln tappend, die Fäden seines eigenen Lebens spann, die einen heller, die anderen dunkler, und doch alle durch den Schlaf verwoben.[8] Juan hat sich nicht besonders deutlich zur Rolle des Schlafs bei seiner nächtlichen Arbeit geäußert. Die Tatsache, dass in dem der Serie übergeordneten Titel das Wort „soñé" (ich träumte) vorkommt, besagt nicht viel; nur dass der Künstler *einen Traum hatte*, in dem er etwas „aufgedeckt" habe, ohne dass wir jedoch erfahren, was genau. Dass Juan selbst einmal angedeutet hat,

dass der Titel „Soñé que revelabas" (SQR) auf seine ersten Erfahrungen als Fotograf[9] verweise („revelar" hier in der Bedeutung von „entwickeln", Anm. d. Übers.), ändert nichts an der Grundbedeutung des Verbes „revelar": nämlich etwas aufzudecken, das bislang verborgen war; so zum Beispiel alles, was sich in dem dunklen Zimmer der Abstraktion befand. Ob ihm dieses Bild vielleicht im Traum erschienen ist, oder auf diese Weise die Erinnerung an die *Unterscheidung* zwischen Hell und Dunkel zurückkehrte, auf der die Entwicklung eines Films beruht?

Dass Träume Ansammlungen von Erinnerungen sind, wussten wir bereits lange bevor Freud sich daran machte, diese auf eigenwillige Weise zu interpretieren,[10] und zwar dank Hervey de Saint-Denys, der sie als *clichés-souvenirs* bezeichnete und die Vorstellung zerstörte, dass die atemberaubenden Dinge, die wir bisweilen in Träumen sehen, nicht etwa von dem herrührten, was wir zuvor gesehen haben – wovon er selbst überzeugt war –, sondern *aus dem Nichts/ex nihilo*, oder gar von einer mysteriösen und unwahrscheinlichen *„inneren Notwendigkeit"*, wie Kandinsky glaubte und was diesen geradewegs zur Abstraktion führte. Es tröstet mich zu wissen, dass, völlig konträr dazu, Juan Uslé anerkennt, dass seine Bilder, genauso wie die Träume auch, einen autobiografischen Hintergrund besitzen. Welche Spuren haben sie in SQR hinterlassen? Die Nacht ist lang und der Schlaf lauert unablässig demjenigen auf, der auf den Beginn des Tages und auf dessen Helligkeit wartet, die fast ebenso halluzinatorisch ist wie zahlreiche Träume, und besonders auf die Helligkeit der ersten Träume, die in Form hypnagogischer Halluzinationen daherkommen. Saint-Denys, der ihnen als einer der ersten Aufmerksamkeit schenkte, hat uns eine wertvolle Beschreibung hinterlassen, derzufolge sie „feine Gold-, Silber-, purpurfarbene und smaragdgrüne Fäden" bilden, „die sich unter fortwährendem Erzittern auf tausenderlei Weise zu kreuzen und symmetrisch aufzurollen scheinen …" Es überrascht mich nicht, dass dies mit der Vision übereinstimmt, die Théophile Gautier unter dem Einfluss von Haschisch hatte: „Die Wimpern meiner Augen verlängerten sich über unbestimmte Zeit und rollten sich wie Goldfäden auf kleine Elfenbeinspulen auf, die sich von ganz alleine in überwältigender Geschwindigkeit drehten."

Alles was mit dem Weben zu tun hat, hat etwas sehr Halluzinatorisches; oder anders herum ausgedrückt: Die Halluzinationen, die dem Tiefschlaf vorausgehen, haben etwas sehr Stoffliches. Was machte Juan eigentlich in jenen Nächten, in denen er an diesem riesigen Projekt, dieser Serie arbeitete: malen, schlafen, vielleicht träumen? Eine starke spanische Tradition, die ihre Wurzeln in „La vida es sueño" (dt. Das Leben ist ein Traum) von Calderón de la Barca hat und die José Bergamín in jüngster Zeit wiederbelebt hat, bietet für den Traum eine Bedeutung an, die sich im Grunde nicht vom Leben unterscheidet, das nämlich auf der gesamten Linie ein einziger Traum ist. W. Benjamin, der Calderón kannte und bewunderte, legte schließlich all sein Streben in eine „Technik des Erwachens", die in seinem Fall einen anderen, auch nicht viel glücklicheren Traum zur Folge hatte. Was Juan betrifft, wage ich keine Schlussfolgerung zu ziehen, auch wenn es dumm von mir wäre, die sich mir bietende Gelegenheit nicht zu nutzen, um hier in seinem Namen auf jene vielfarbigen und glänzenden Knäuel zu verweisen, die Saint-Denys und Gautier beschrieben. Ich stelle mir vor, dass seine Tagbilder[11] mit Sicherheit aus diesen Knäueln gewebt sind – woraus auch sonst? Aber woraus bestehen dann die Nachtbilder?

Juan sprach Cristina Giménez gegenüber einmal von dem Pulsieren in seinem Körper, das plötzlich in der nächtlichen Stille zu vernehmen war. Penelope hat ihren Herzschlag vermutlich galoppieren hören, während sie den Stoff ihrer ungewissen Zukunft webte und wieder auftrennte. Das Wort „Pulsieren" trifft sowohl auf Flechtarbeiten zu, angefangen mit einfachsten Netzen, als auch auf die Handhabung von Saiteninstrumenten. Das Weben hat etwas sehr Musikalisches und der Puls etwas von einem Singsang, oder genauer gesagt von einer Kantilene, die uns in tiefster Nacht wahrscheinlich die Angst nehmen soll, obgleich nächtliche Angstzustände auch weiterhin ein extremer Fall von *horror vacui* sind. Frei von Geräuschen und Farben veranlasst die Nacht, die im Grunde „das Offene" par excellence ist, das in höchstem Maße „Verfügbare", zur Arbeit, wenn auch sicherlich nicht zu einer derart anspruchsvollen und vereinnahmenden wie jener nervösen Tätigkeit Penelopes. Vielleicht auch ein wenig die Arbeit des Zeichnens, die letzten Endes darin besteht, Linien so miteinander zu kreuzen, wie man Fäden oder Schnüre kreuzt. Über Jahrhunderte hinweg war das Zeichnen eine nächtliche Tätigkeit, wenn auch nicht nur deshalb, weil sie, indem sie mit Schatten arbeitet, zwischen Dunkelheit und Helligkeit vermittelt, sondern auch, weil es in der Zeichnung fast immer etwas gibt, das dem Schlaf angehört, das sogar von

ihm herrührt. Schlafen; träumen; vielleicht zeichnen … Nichts ist besser als die Arbeit mit dem Zeichenstift – jenes vielfältige Sich-Kreuzen und Durchwirken der Striche –, wenn es darum geht, einen Effekt von seidiger Dunkelheit zu erzielen.

Auf dem Weg von der Dunkelheit zur Helligkeit, den SQR Schlag auf Schlag[12], Strich um Strich vollzieht, indem hier etwas verkürzt und dort etwas verlängert wird, genügt es logischerweise langsamer zu werden und – wie man so sagt – zu modulieren. So wird die Kantilene zum Lied, und so ergeht es uns auch, wenn wir das nächtliche Rattern der Züge hören, das sich von der Nacht verabschiedet, während es gleichzeitig den Tag begrüßt. Man kann es auf den Lippen des Künstlers lesen, wenn er die Arbeit für beendet erklärt und zu Bett geht. Morgen ist auch noch ein Tag, soviel steht fest.

Juans von Farben durchtränkte Malerei entsteht logischerweise von Tag zu Tag. Das beinahe Spannendste und bei Weitem Beredtste an den Bildern der Serie SQR ist, dass sie in großen zeitlichen Abständen gemalt wurden: nach meiner Kenntnis vierzig innerhalb von zehn Jahren, obwohl ich nicht weiß, ob mit einer bestimmten Regelmäßigkeit, also beispielsweise eines pro Jahreszeit. Sie untereinander auszutauschen wäre vermessen und unerträglich doktrinär gewesen. Juan hat keines von ihnen gemalt, um damit irgendetwas zu erklären oder zu rechtfertigen, nicht einmal die immensen Möglichkeiten der Abstraktion. Diese rhythmische Abfolge mit Intervallen, die mich stark an die Feste des Jahreskreises erinnert, macht SQR weniger zu einem Experiment, als vielmehr zu einem Ritual; gewiss preist diese Serie die Nacht als ein prächtiges plastisches Ereignis, doch sie tut dies in Form einer periodischen Einführung in ihre Geheimnisse, die wiederum – ich weiß nicht, ob nicht vielleicht sogar im eigentlichen Sinne – die des Schlafes sind; sie tut dies in der Art eines Hymnus.

Die Bilder aus dieser Werkreihe Juans als *Hymnen an die Nacht* zu bezeichnen, klingt hier, in der Heimat Novalis', vielleicht etwas übertrieben und an den Haaren herbeigezogen. Belassen wir es also bei gesäuselten Gebeten, wie sie zur Überwindung des Schlafes der bemerkenswerte katholische Brauch der „nächtlichen Anbetung" empfahl, der noch am meisten der antiken Sitte der „Inkubation" ähnelt, dem therapeutischen Schlaf, wie er in den Asklepios geweihten Kultstätten praktiziert wurde. Doch ich übertreibe schon wieder; also werde ich es nun bei

diesen Liedchen belassen. In Wirklichkeit sind es nur
einige Bruchstücke, mit denen die bei ihrer Heim-
kehr leicht beschwipsten Freunde der Nacht ihre
schreckliche Leere[13] auszufüllen und zu besänftigen
versuchen. Lieder wie Beschwörungen, wie jenes ver-
zweifelte und unvergessliche Lied Papagenos: „Gute
Nacht, du falsche Welt! Gute Nacht!"

Anmerkungen:

1) Die Abstraktion, mit der Juan Uslé experimentiert, ist weder
geometrisch noch gestisch. Sie lässt sich vielmehr als *sen-
sitiv* beschreiben, und zwar in beinahe demselben Sinn, in
dem man von bestimmten, auf äußere Reize besonders emp-
findlich reagierenden Pflanzen spricht. Mehr noch und als
vorzeitige Schlussfolgerung: Seine Gemälde sind spürbare
Bindeglieder zwischen der instabilen und zugleich freudvol-
len Erfahrung der „äußeren Welt" und den Ansammlungen
von zerstreuten Erinnerungen, aus denen sich die Träume
zusammensetzen. Dies ist das Einzige von allem dem, das
Kandinsky als zu einer gewissen Erfahrung einer ungewissen
„inneren Welt" zugehörig anerkannt hätte. Man beachte hier-
zu die interessanten Vermutungen, die Kandinsky speziell
im Anhang der russischen Ausgabe seiner „Rückblicke" von
1918 anstellte hinsichtlich der seltsamen Dinge, die er in
Träumen oder in dem einen oder anderen Anfall von Fieber
gesehen habe.

2) Von allen Argumenten, die Kandinsky zu Gunsten der Abstraktion vorbrachte, zumeist okultistischer Einheitsbrei – ich
bin empört darüber, dass auch weiterhin „Über das Geistige in der Kunst" veröffentlicht wird –, bleibt mir nur jene
kleine Geschichte in Erinnerung, die der „Legenda aurea"
von Jacobus de Voragine entnommen zu sein scheint, der
zufolge Kandinsky die überragenden Vorzüge der Abstraktion vermittels eines Sonnenstrahls erschienen seien, der
gemäß göttlicher Vorsehung vom Himmel kam. Dort schien
man, nach allem, was geschehen war, dieser Kunstform den
Vorzug zu geben. All dies macht mich äußerst misstrauisch,
insbesondere dann, wenn, nach der Mehrheit der Heili-
gen- und Wunderbilder zu urteilen, der Geschmack der
himmlischen Heerscharen im Hinblick auf die Kunst derart
enttäuschend ist.
Was Greenberg angeht, der glücklicherweise immer mehr
in Vergessenheit gerät, so können seine wehleidigen Klagen
über die Bidimensionalität wohl nur schwerlich eine Theorie
darstellen. Es scheint schon schlimm genug, sich eine Vorstellung von der Kunst zu machen, noch schlimmer jedoch
ist es, eine *fixe Idee* davon zu haben.

3) Abgesehen von diesem unentschuldbaren *Dictum*, und
entgegen meiner ausgeprägten Neigung, in den Schriften
der Künstler selbst zu suchen und zu forschen, habe ich hier
versucht, simple Anweisungen zu vermeiden, die jene uns
sotto voce zukommen lassen. Schweren Herzens musste ich
daher auf das verzichten, was Juan über Velázquez geschrie-
ben hat, sowie auf einen Text aus dem Jahr 2006, dessen
Titel nicht vielversprechender sein könnte: „Die Sonne ist ein

Dieb: Sie verführt das Meer." Im Gegenzug habe ich mich
ernsthafter denn je mit den Titeln seiner Bilder auseinander-
gesetzt, die im Unterschied zu denen jener geometrischen
und gestischen Maler äußerst spannend sind, denn jene
geben häufig Titel wie Number one oder N° 158 oder gar,
mit zur Schau gestellter Ehrlichkeit, Ohne Titel … Die „lite-
rarischen" Titel, um sie einmal so zu nennen, sind eine Art
Höflichkeitsgeste von Seiten derer, die sich in der Abstraktion ergehen, darin inbegriffen eine so streng geometrische
wie die des frühen Frank Stella, dessen *Dominguín* mir
bedeutend weniger gut gefiele, wenn er keinen Titel hätte.

4) Die Metapher des Lichtschalters – auf Spanisch „Unterbre-
cher" genannt, vielleicht in Erinnerung an eine Zeit des Mangels, in der es dringlicher war, das Licht abzuschalten, als
es anzuschalten – passt perfekt zu den Nachtbildern, die in
der Serie SQR zusammengefasst sind. Demnach wäre das
dunkle Zimmer der Abstraktion vermutlich nichts anderes als
das Atelier des Malers, der des Nachts dorthin zurückkehrt,
um zu beweisen, dass dort alles möglich ist, zu dieser nächtlichen Stunde ebenso wie bei Tage. Was wäre das auch für
ein Atelier, in dem nicht zu jeder Tages- und Nachtzeit alles
möglich wäre?

5) In gewissem Sinne ist die Nacht eine Metapher für jene
Dunkelheit, die ursprünglich im „Zimmer der Abstraktion"
herrschte, in dem potenziell alles enthalten war. Im Grunde
ist SQR der *konkrete* und ausführliche Beweis für dieses
Potenzial.

6) Ich habe den Verdacht, dass das Adjektiv „offen" Juans
gesamte Arbeit dekliniert – oder resümiert –, die nämlich
gerade eine „Arbeit über das Offene" darstellt. Dass dies
auf die Nacht zutrifft – abgesehen von der absurden Ver-
drehung, mit der sie bisweilen als „geschlossen" bezeichnet
wird –, macht den Reiz dieses wunderbaren Aushangs
aus: „NACHTS DURCHGEHEND GEÖFFNET", der wie
geschaffen ist für die gesamte Serie SQR. Doch ich muss
zugestehen: Möglicherweise ist die Nacht nicht ganz so
offen, wie sie denen geschlossen erscheint, die sie niemals
frequentieren.

7) Gaze und Schleier, bis hin zu Sackleinen … María Vela
Zanetti, die sich bestens mit Stoffen auskennt, weist mich
kundig auf einen einzigartigen Stoff hin – sicherlich weil er
mehr als jeder andere Juans Nachtbildern ähnelt –, der als
Laubendach verwendet wird und unter dem treffenden Namen „tela de sombra" (wörtlich: „Schattenstoff", zu Deutsch:
Sonnensegel, Anm. d. Ü.) bekannt ist.

8) Warum um alles in der Welt kam es Juan in den Sinn, eines
seiner Bilder aus dem Jahr 1997 *Rizomas* (Rhizom) zu nennen? Die Kunstkritiker, von denen viele – allzu viele – unter
dem krankhaften Einfluss der zeitgenössischen französi-
schen Philosophie leiden, sahen, wie sich der Himmel seiner
Malerei öffnete. Ach, die Sache mit dem Rhizom …! Für
diejenigen, die einen eigenen Garten haben, ist ein Rhizom
dagegen etwas ganz Simples und zugleich Wunderbares.
Wenn es jedoch darum geht, auf Juans Malerei etwas von
dem Jargon französischer Philosophen zu übertragen, der

in seiner Jugend modern war, fällt mir ein anderes Wort mit
pflanzlicher Wurzel ein: *Dissemination* (dt. Verbreitung)! Ein
Verfahren, das Uslé – um sich nicht in Theorien zu verstri-
cken –, mit Hilfe eines Dispersions-Mediums oder einer
reinen „Dispersion" gelingt, wie sie in vielen seiner Bilder
Anwendung findet und vielleicht in den Bildern der Serie
SQR ganz besonders ins Auge fällt, wo die Dispersion der
von ihm in besonders kurzen Pinselstrichen aufgetragenen
Pigmente der Grund dafür ist, dass das Resultat wie ein
feines Gewebe aussieht.

9) Einige Bilder der Serie SQR erinnern tatsächlich an ausge-
breitete Filmrollen. Insbesondere auf der Nummer V sieht es
so aus, als seien sie in einem Labor an einer Schnur aufgehängt; dennoch möchte ich mich nicht auf diese natura-
listische Sichtweise versteifen. Das Fotolabor ist natürlich
auch wieder eine wunderbare Metapher für allmächtige
Dunkelheit, die für die Abstraktion erforderlich ist. Tatsächlich scheint in der Entwicklungswanne alles möglich zu sein,
beim Bad in einer Flüssigkeit, die, glaube ich, derjenigen
sehr ähnlich ist, die in einem kurzen Moment die Träume
anschwemmt und verknüpft und deren fließende Eigenschaft
geradezu sprichwörtlich ist. Ich träumte, dass ich träume …
Die nachlässige Montage von Juans Bildern, die auf dem
Titel des Ausstellungskatalogs „Nudos y rizomas" von 2010
ins Auge sticht, kann nur so zu verstehen sein, dass man auf
diese Weise einen Vergleich ziehen wollte zu gerade erst
entwickelten und noch feuchten Fotografien, die zum Trock-
nen aufgehängt wurden.

10) Ich weiß nicht, was ein Psychoanalytiker aus einem Bild wie
Dirty Dream ableiten könnte … Ich weiß es wirklich nicht
und es interessiert mich auch nicht. Um es mit Nabokov
zu sagen: Die Wiener Schule ist nicht eingeladen und erst
recht nicht der traurige Dr. Rorschach. Fest steht nur, dass
der Traum nicht nur dirty, sondern auch – oder gerade deshalb – höchst amüsant und äußerst unterhaltsam war.

11) Die kräftigen und glänzenden Farben auf Juans Bildern
haben etwas Gläsernes oder Emailliertes und erinnern an
maurische Azulejos, aber auch an die verschiedenen Formen
chinesischen Auftragsporzellans. Seine Vorliebe für die
Kombination von Blau- und Orangetönen hat spontan diese
Assoziation in mir geweckt.

12) Eines der Bilder der Serie SQR trägt den Titel *Travesía*
(Reise); ein anderes den Titel *Galope* (Galopp) – was mag
in jener Nacht wohl passiert sein? Die Nacht als Spazier-
gang, der durch den Traum zunehmend beschleunigt wird …
Und noch ein Titel: *Despertar*, das beinahe zwangsläufige
„Erwachen". Und dann noch jener wunderbare, vielleicht
sogar der beste von allen: *Plomo y luz*, nach meinem Verständnis eine Vorahnung des am darauffolgenden Morgen
herrschenden – bleigrauen – Wetters, eben eine Mischung
aus „Blei und Licht".
Die Nachtwächter, die städtischen Beamten, die nachts
ihre Runde drehten, nannte man in Spanien *Serenos*, da sie
häufig „tiempo sereno" (heiteres Wetter) ankündigten. Albert
Marquet, der, wenn er in Paris früh morgens aufstand, nur
allzu oft deprimierendes Wetter vorfand, ergänzte die Titel
seiner „Stadtansichten" vom Fenster seines Ateliers auch

bisweilen durch Anmerkungen, wie sie für den morgend-
lichen Wetterbericht typisch sind: „bedeckt", „wolkenlos",
„leichter Nebel und Schneefall" …

13) 2007 erklärte Juan schriftlich, dass *Die Nachtwache* von
Rembrandt eines seiner Lieblingsbilder sei. Ihre hervorste-
chendste Eigenschaft ist jedoch nicht diejenige, die sich
aus der Uhrzeit herleitet, die dazu verleitet, auf der Straße
Schabernack zu treiben unter dem Vorwand, ebendort für
Sicherheit zu sorgen, sondern das große Maß dieses Bildes,
das so umfangreich ist, dass alles darin Platz gefunden hätte, alles, was man sich vorstellen kann, selbst der letzte Affe
aus der Nachbarschaft.
Rembrandt genügte es, das Licht auszuschalten. Juan hätte
sich natürlich wie jemand fühlen können, der wach bleibt,
während alle anderen schlafen. Der Künstler als Nachtwächter passt auf. In Wirklichkeit tut er dies jederzeit, sogar wenn
ihn der Schlaf übermannt. So hängt an der Tür seines Ateliers dasselbe Schild, das Jean-Paul Roux aufgehängt haben
soll, wenn er schlief: „DER KÜNSTLER ARBEITET" … und
wacht über die Träume.

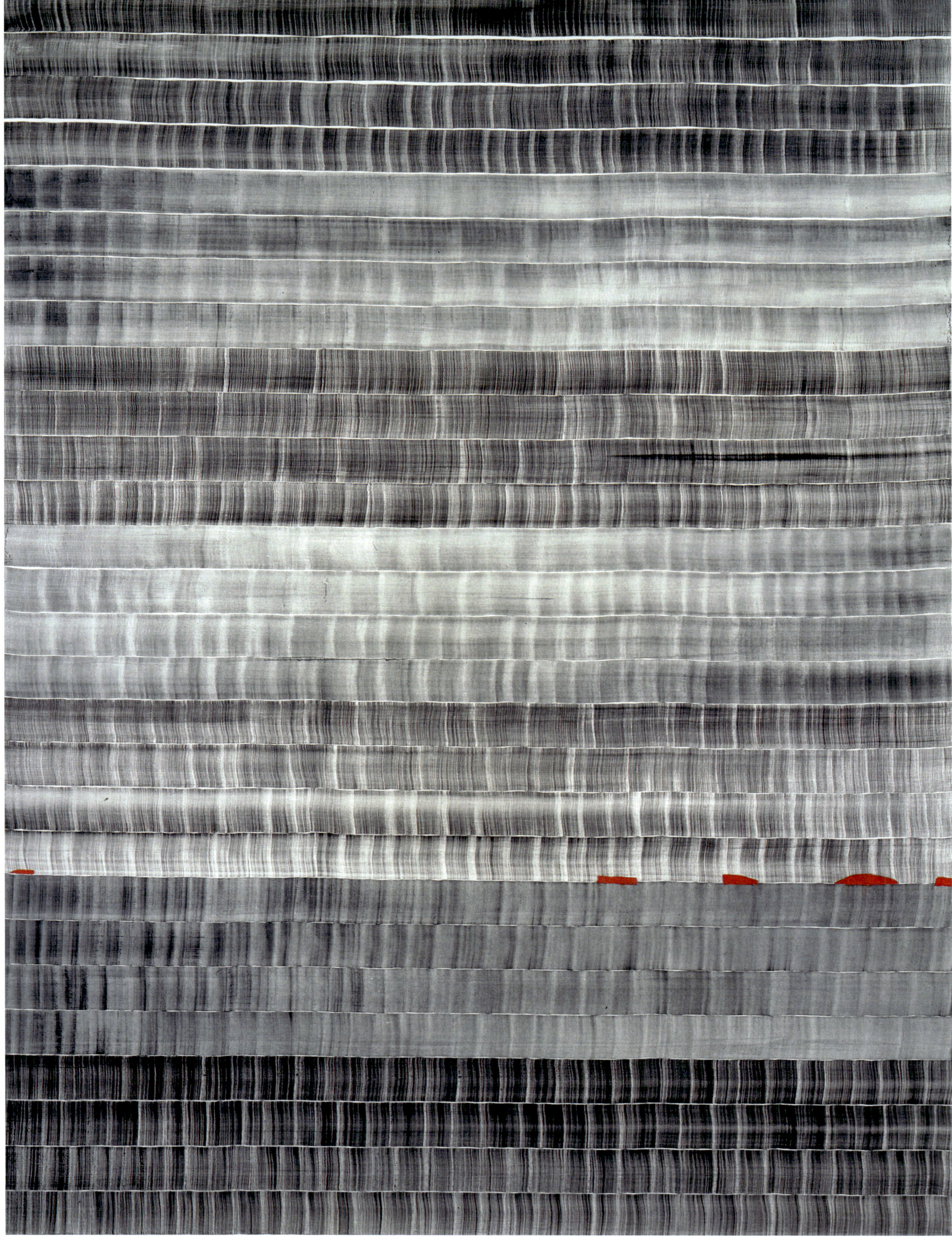

Soñé que revelabas XXI (Faraway), 2004
Private Collection, Luxembourg

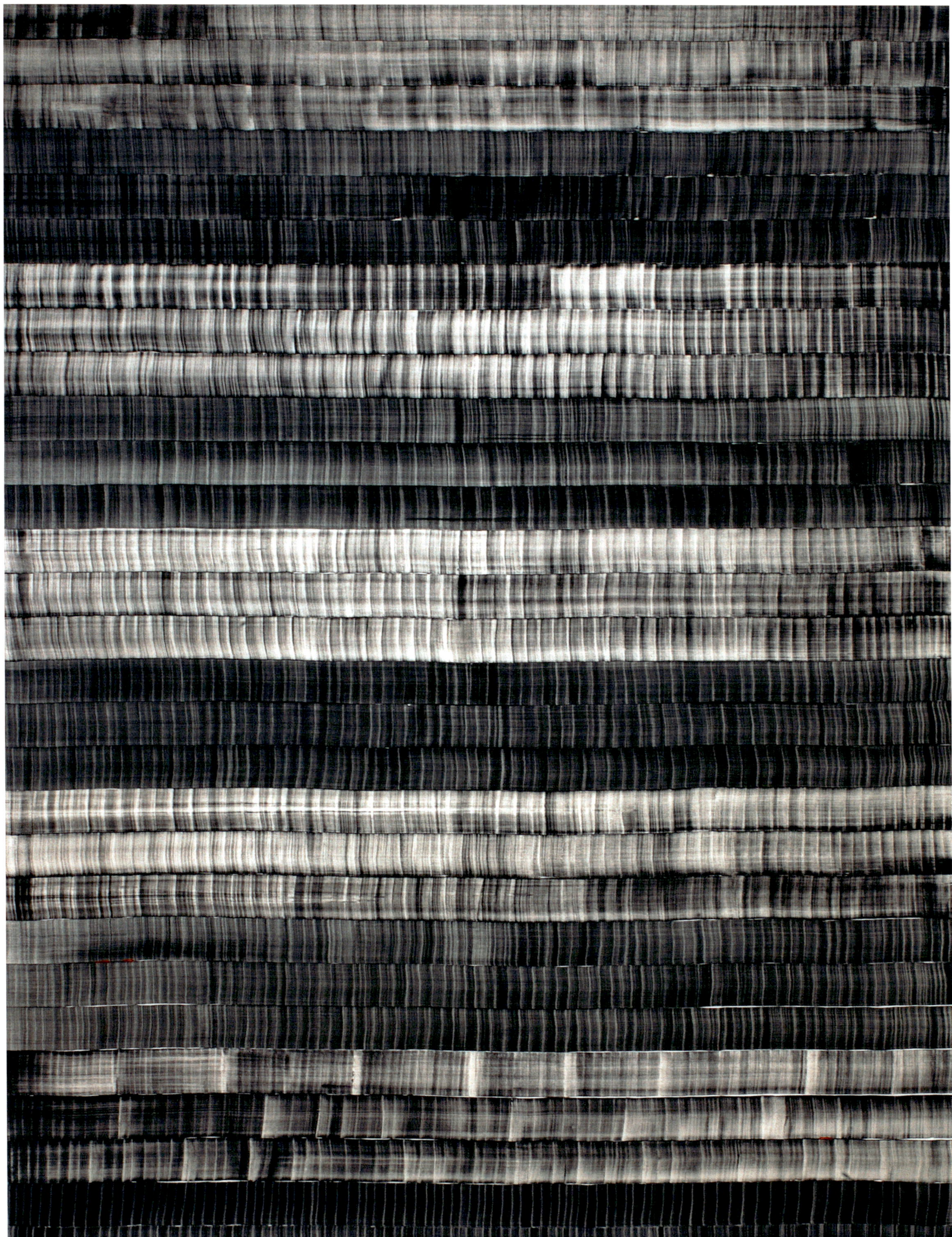

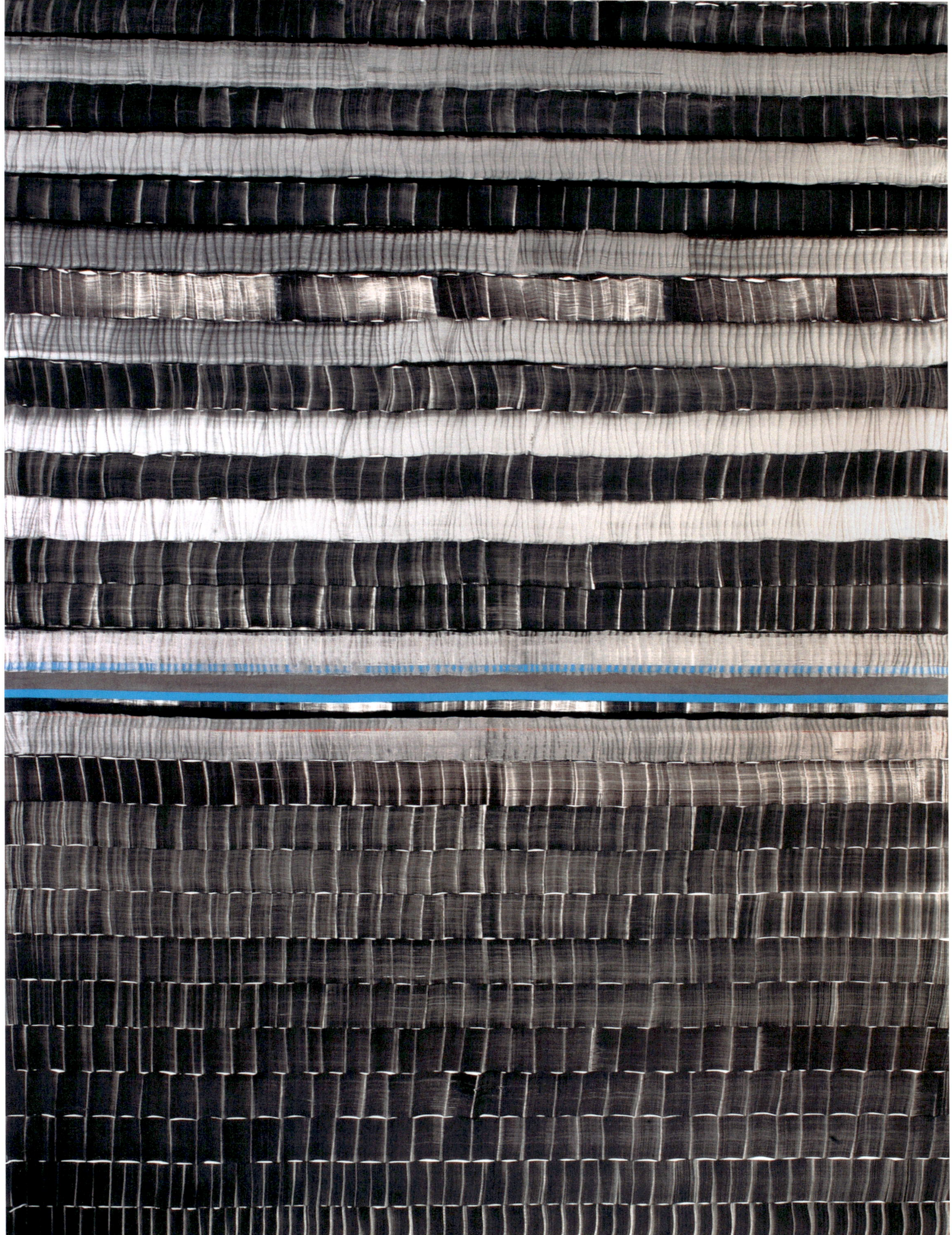

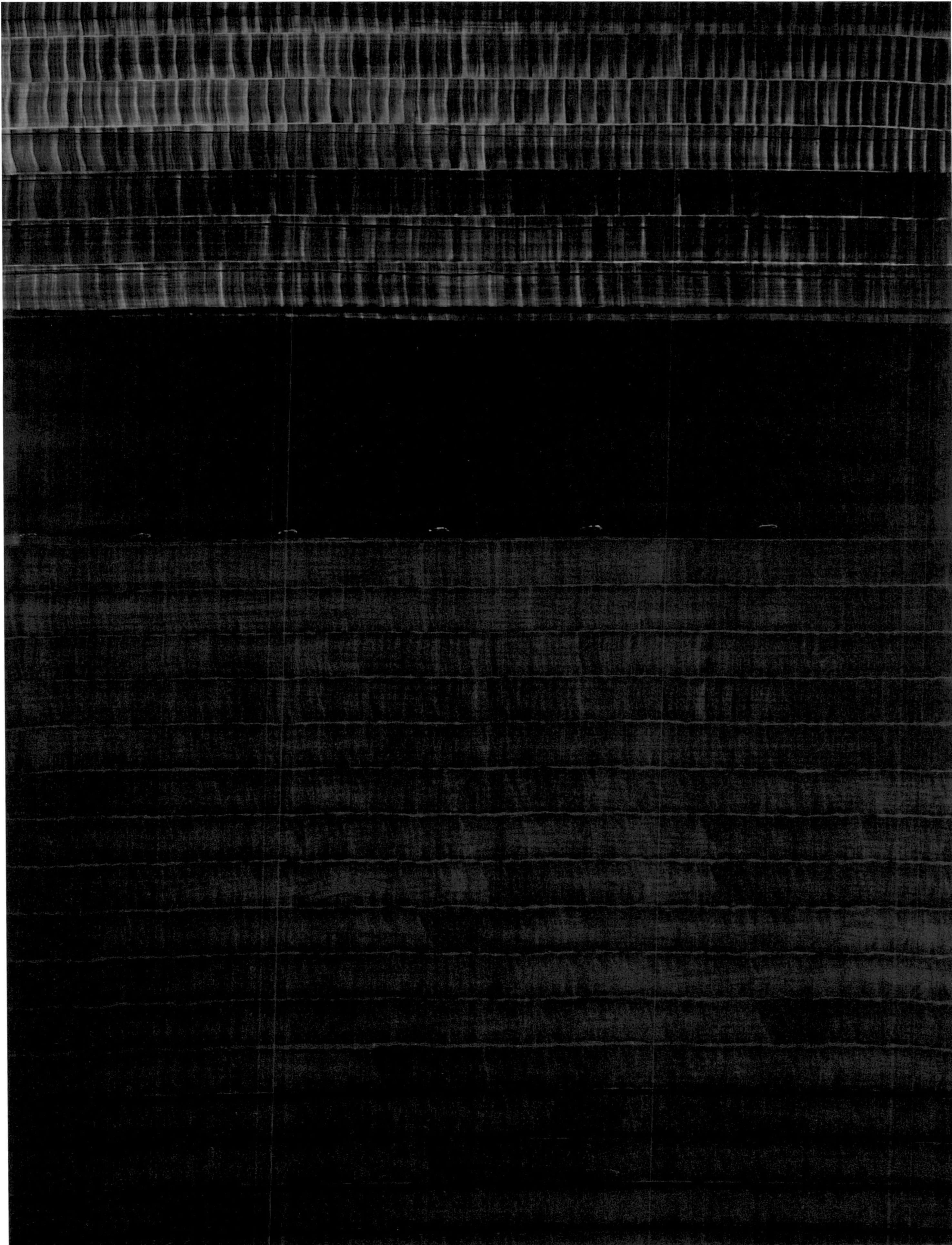

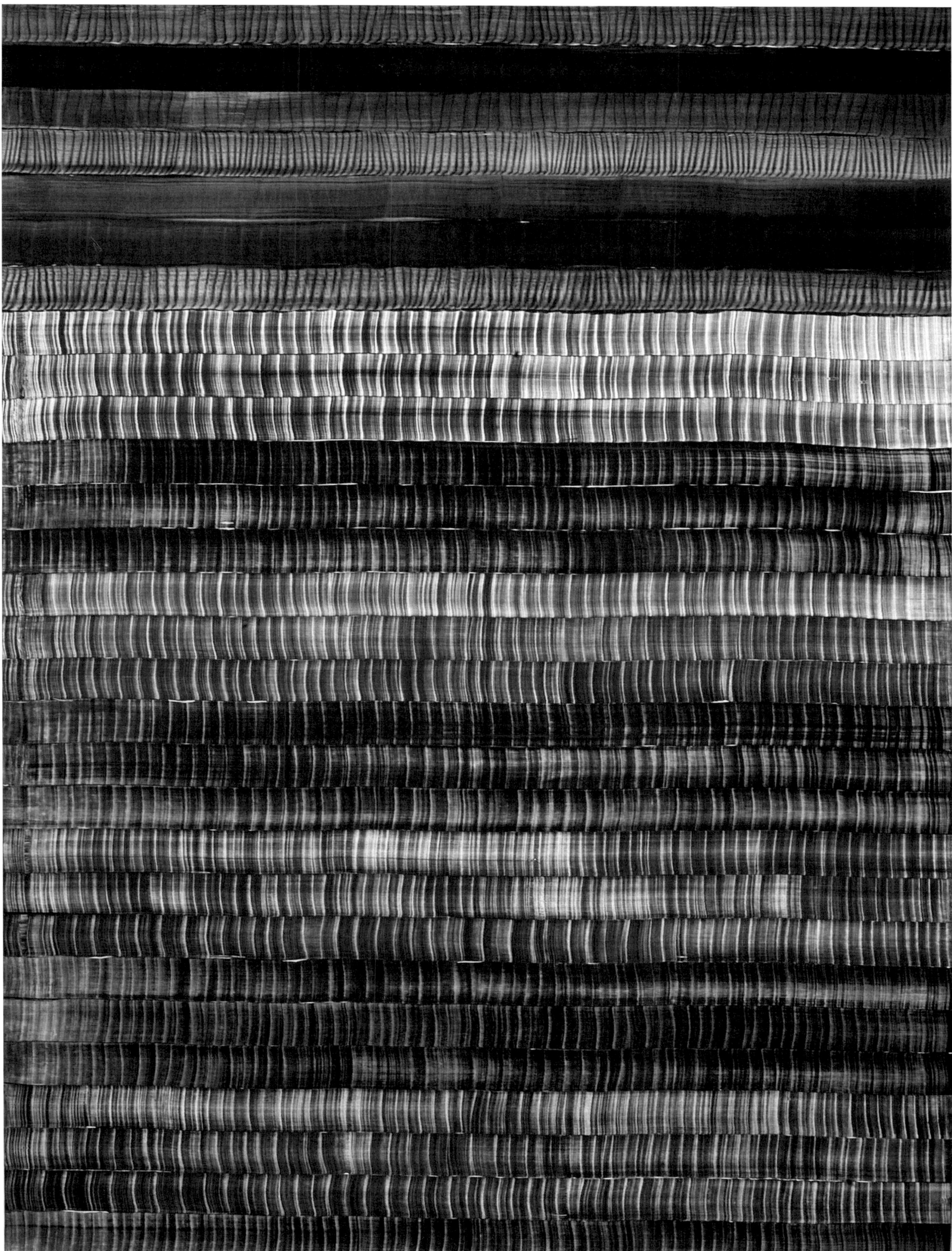

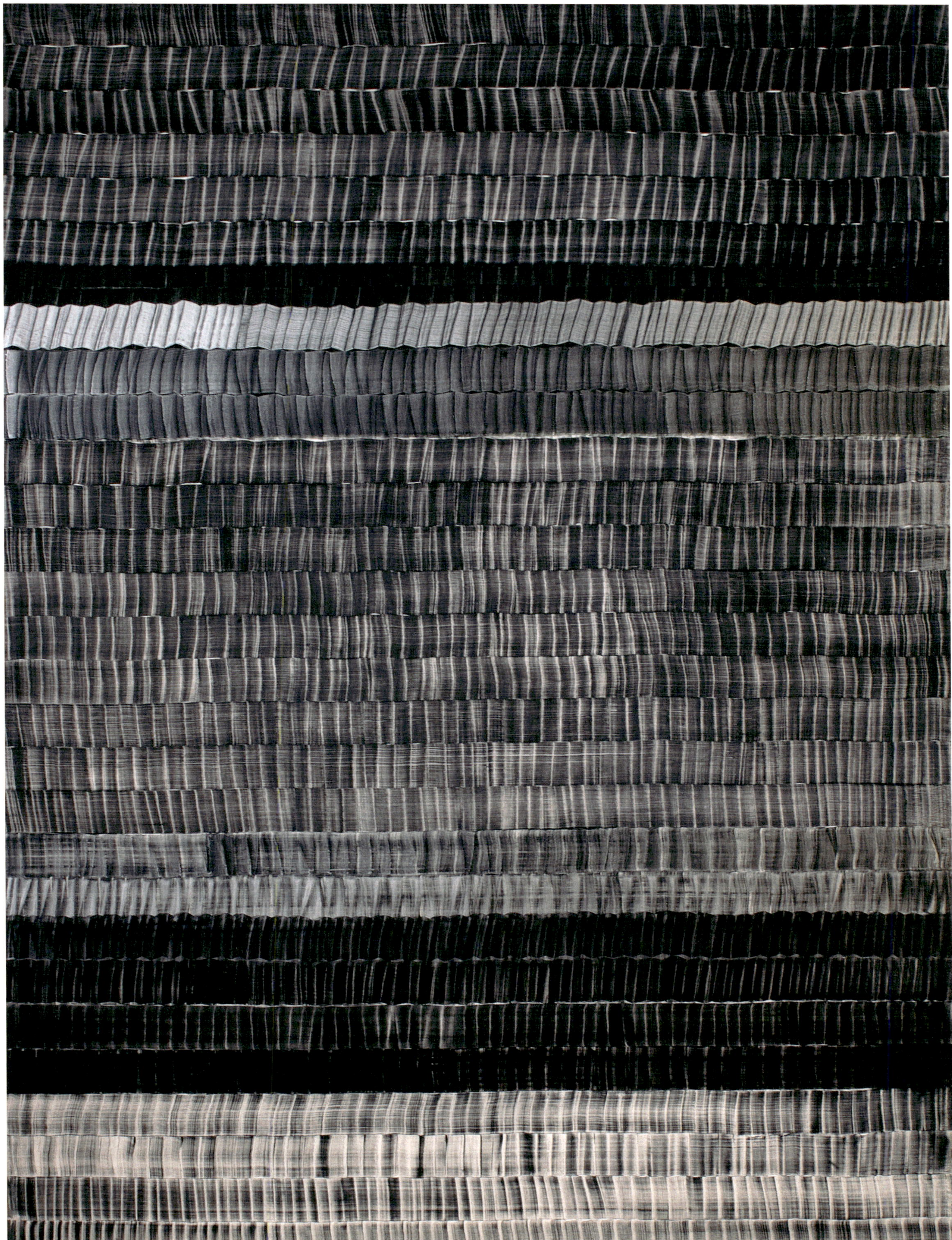

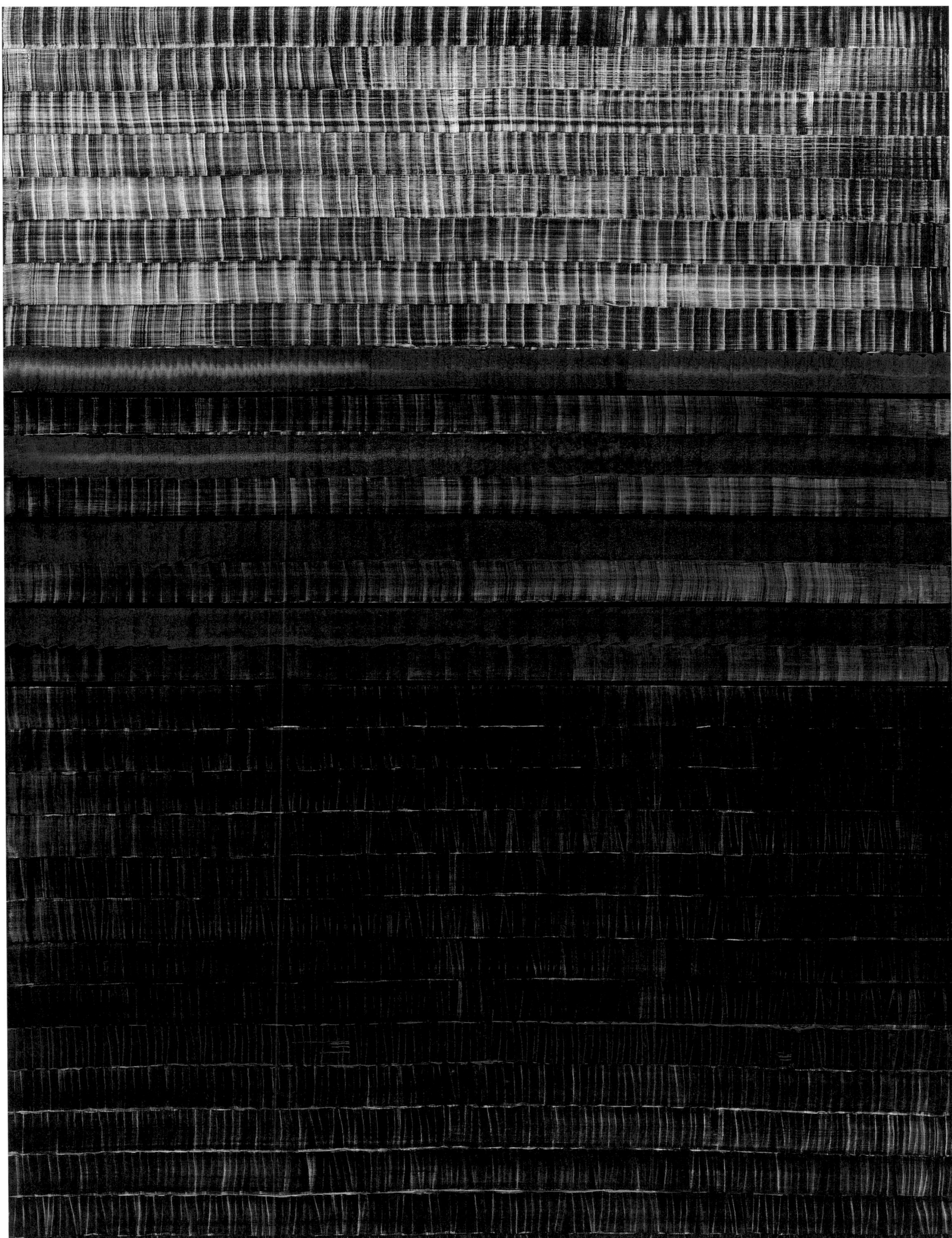

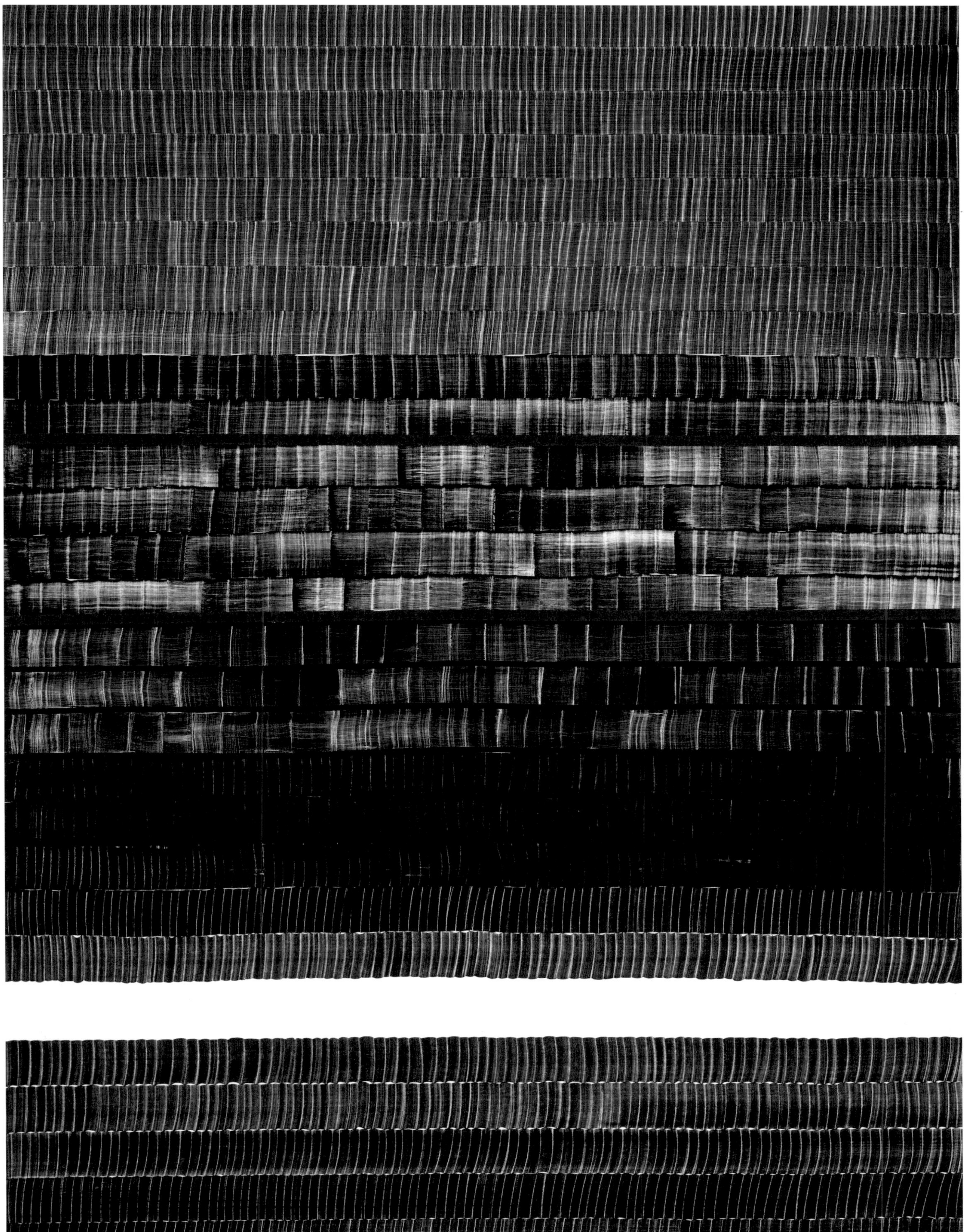

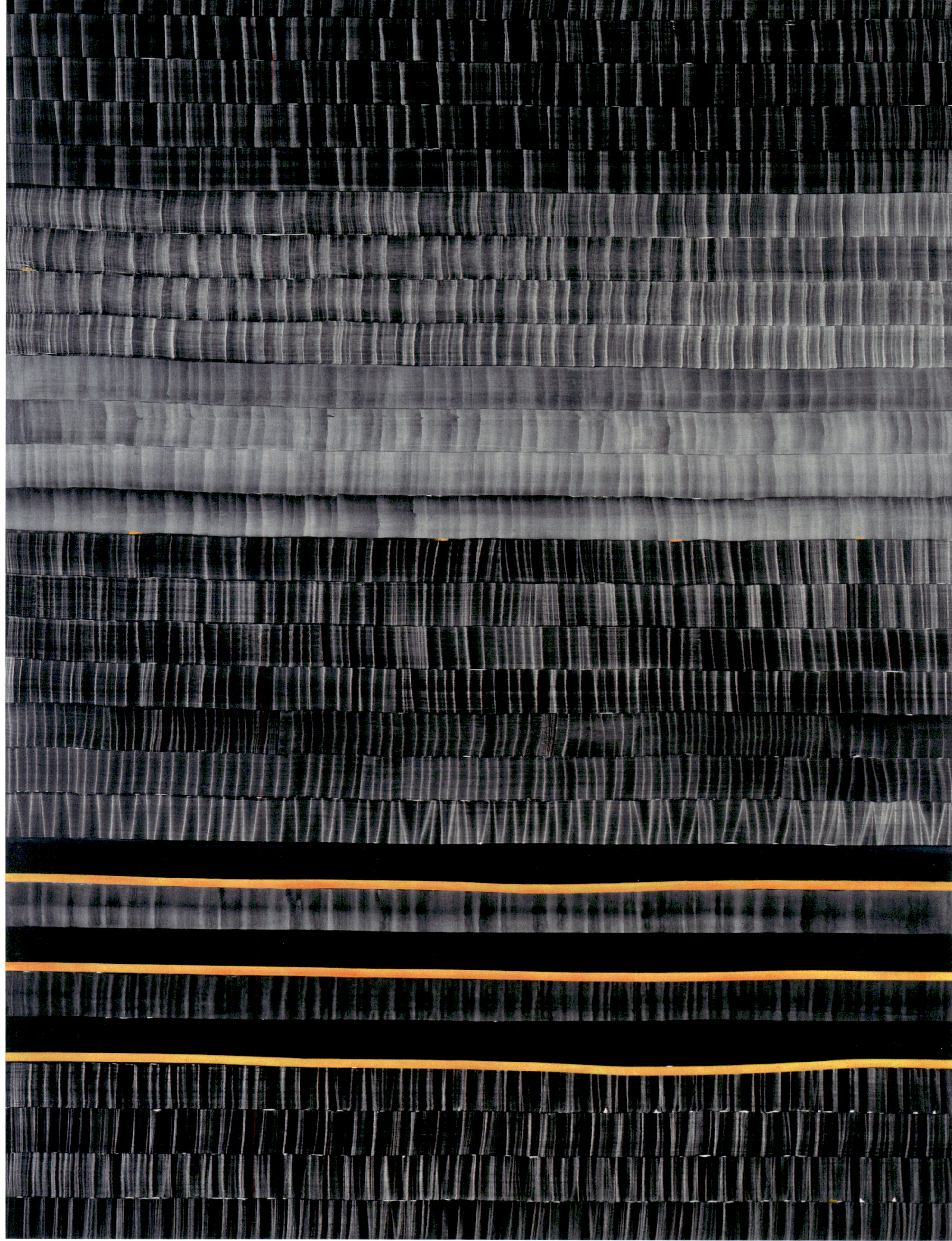

Soñé que revelabas (Movedizo), 2005
Centre national des arts plastiques, Paris, France

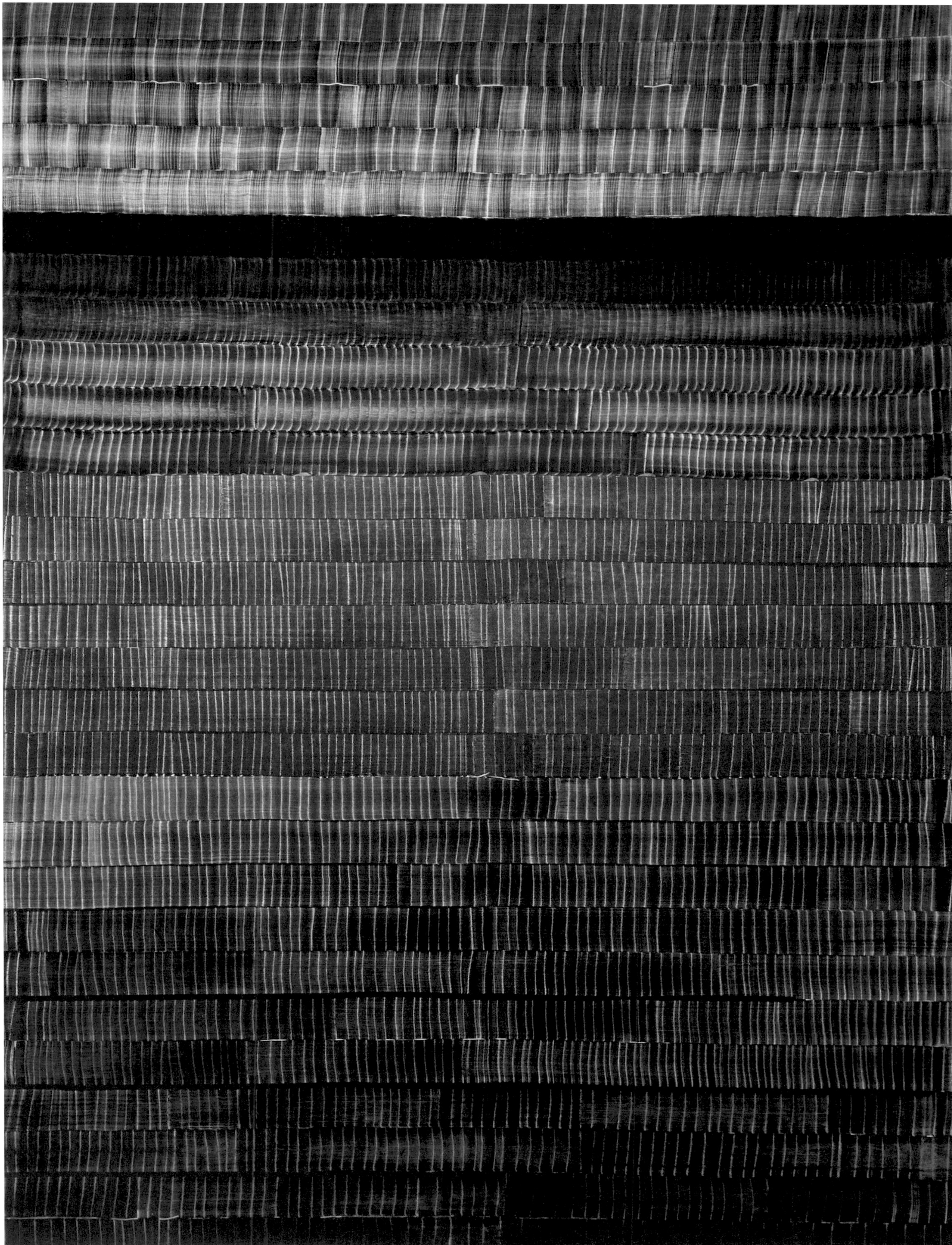

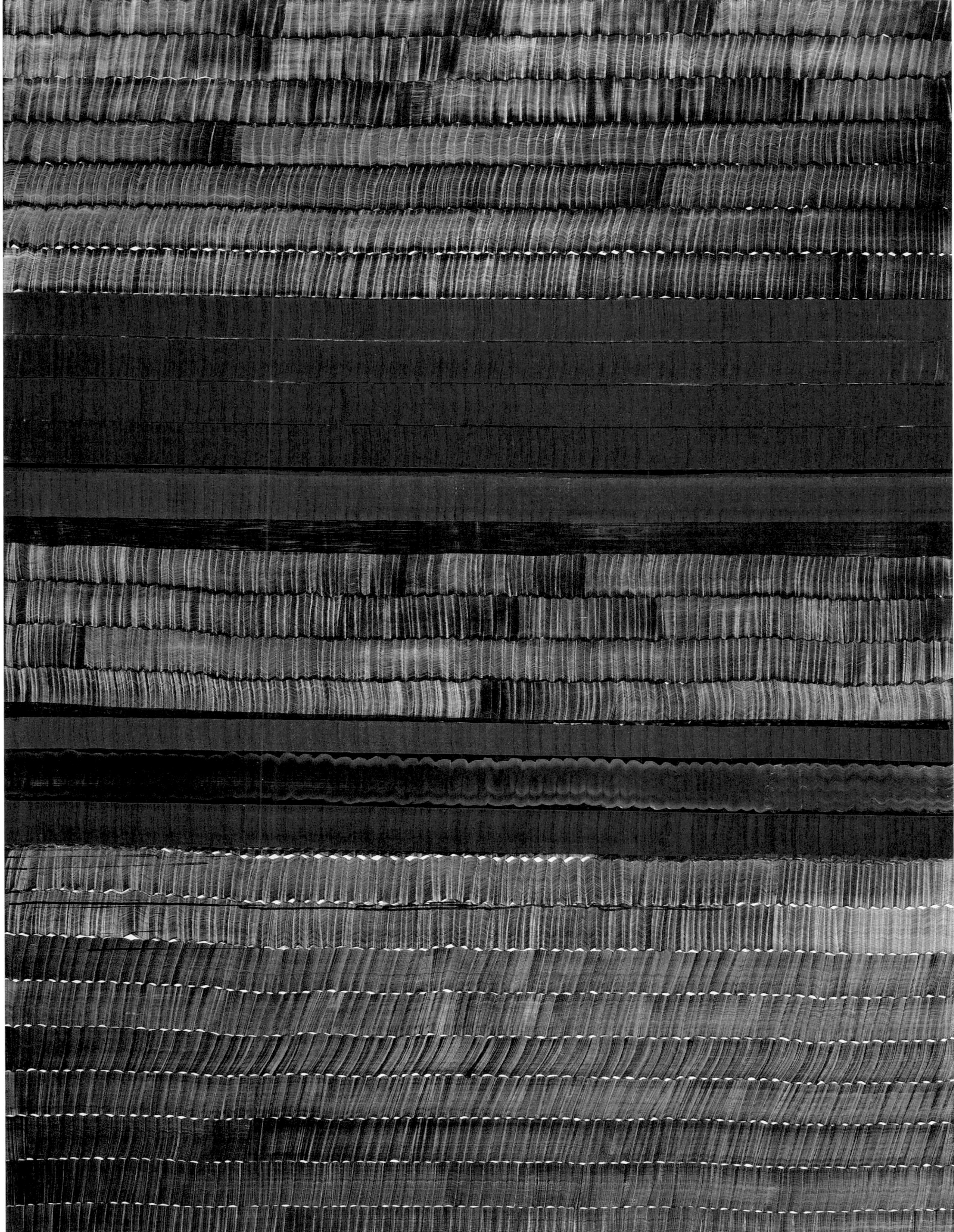

Soñé que revelabas (Travesía), 2006
Private Collection, Madrid, Spain
Courtesy Galerie Thomas Schulte, Berlin, Germany

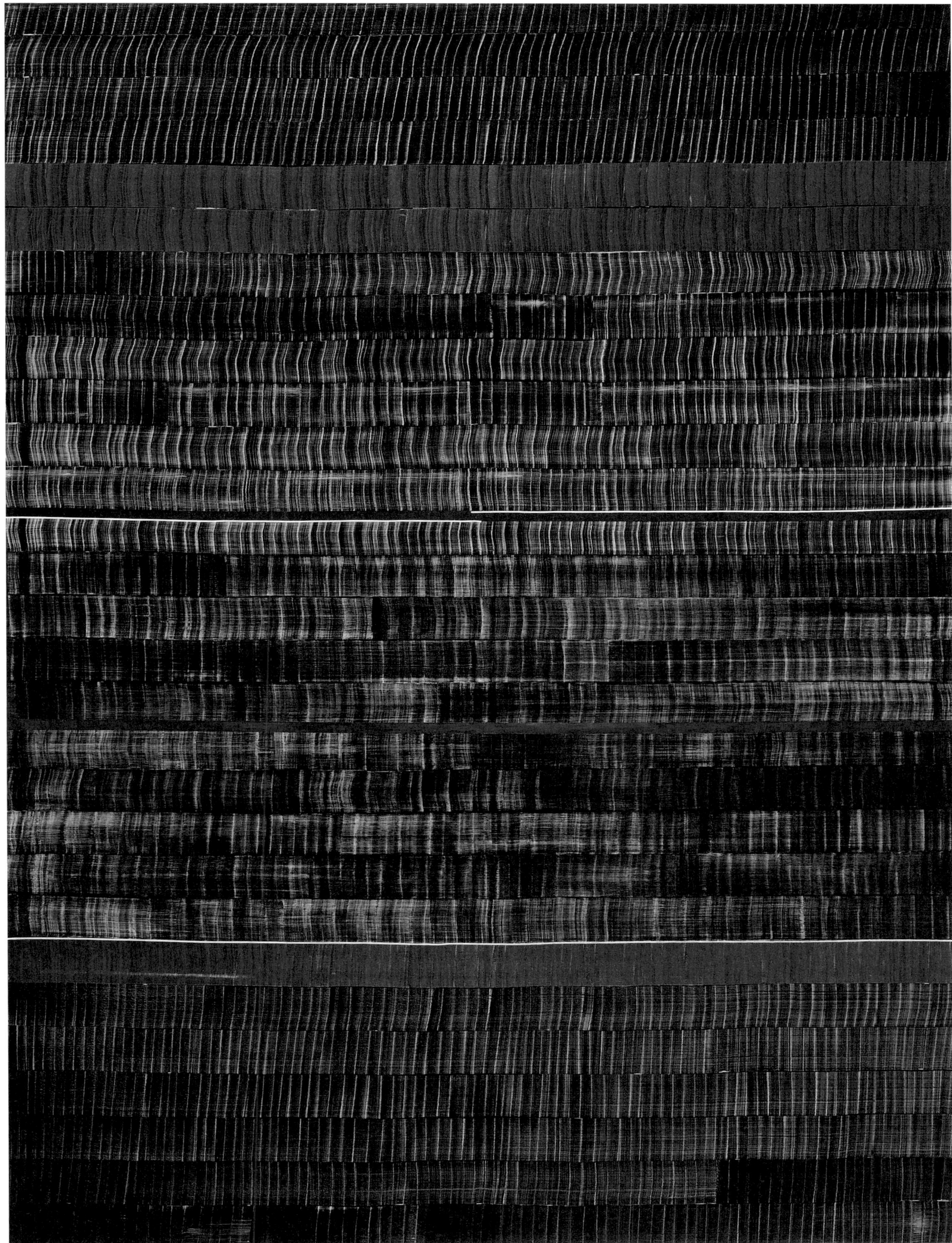

Soñé que revelabas (Inquieto), 2006
Fundación Helga de Alvear, Madrid/Cáceres, Spain
Courtesy Galerie Thomas Schulte, Berlin, Germany

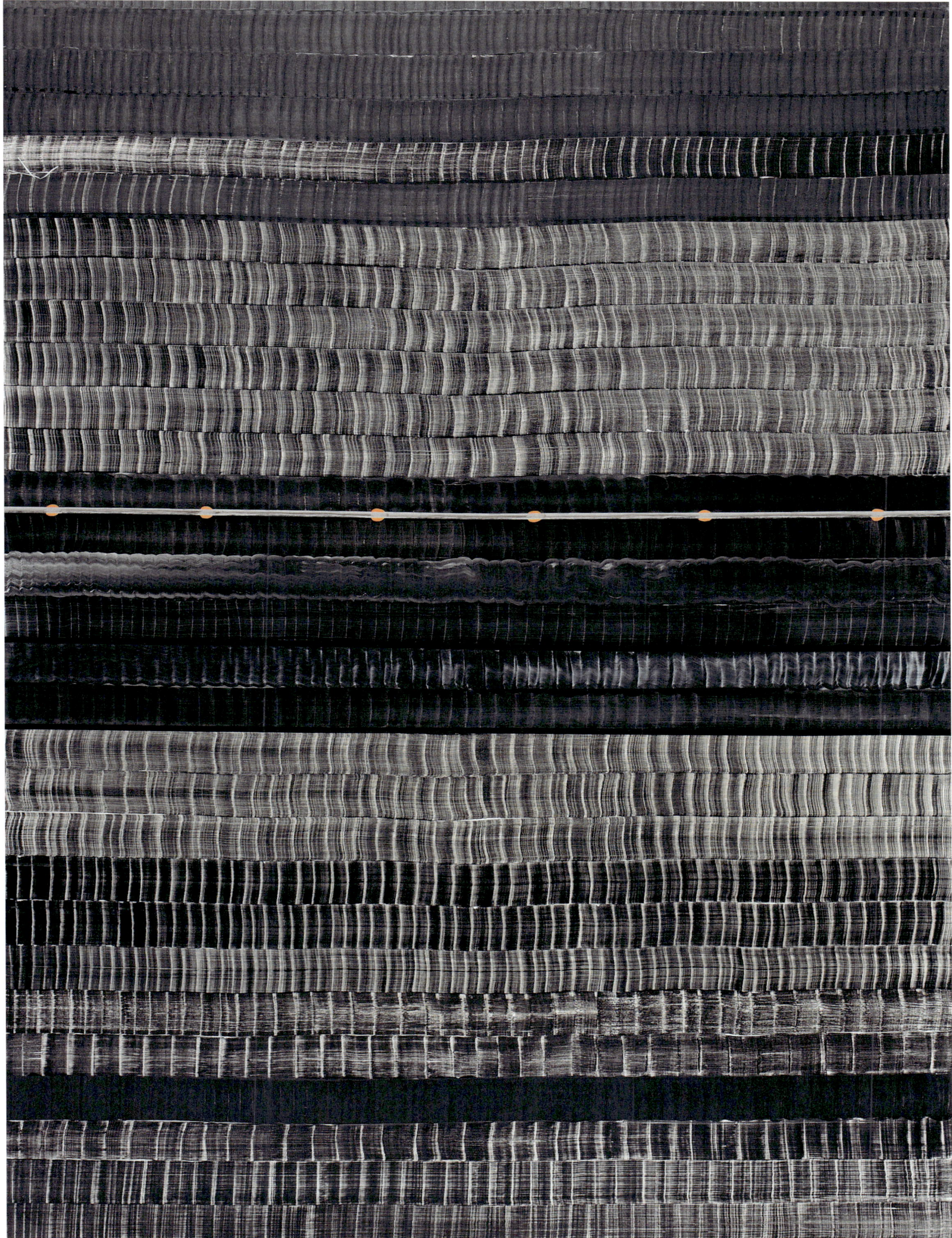

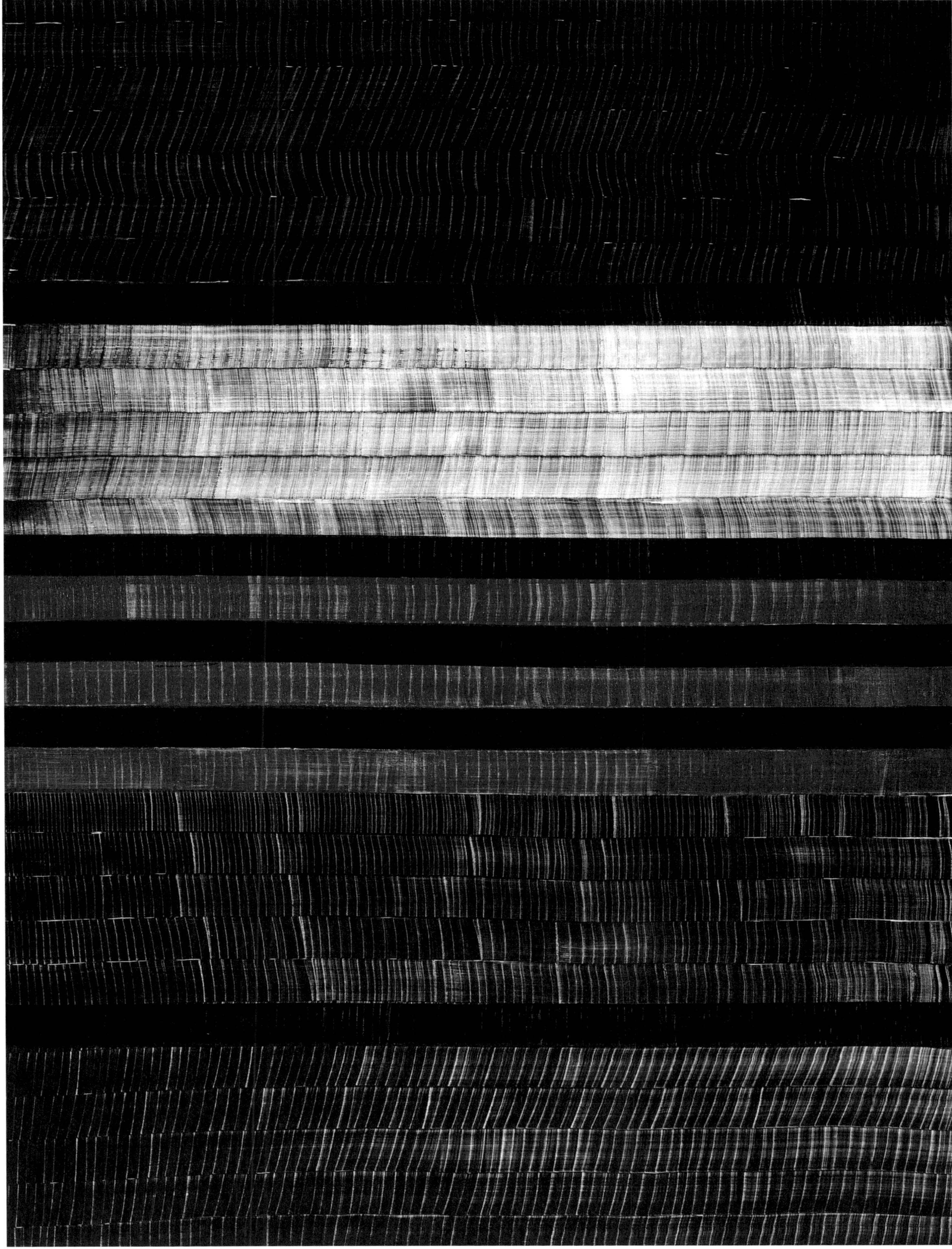

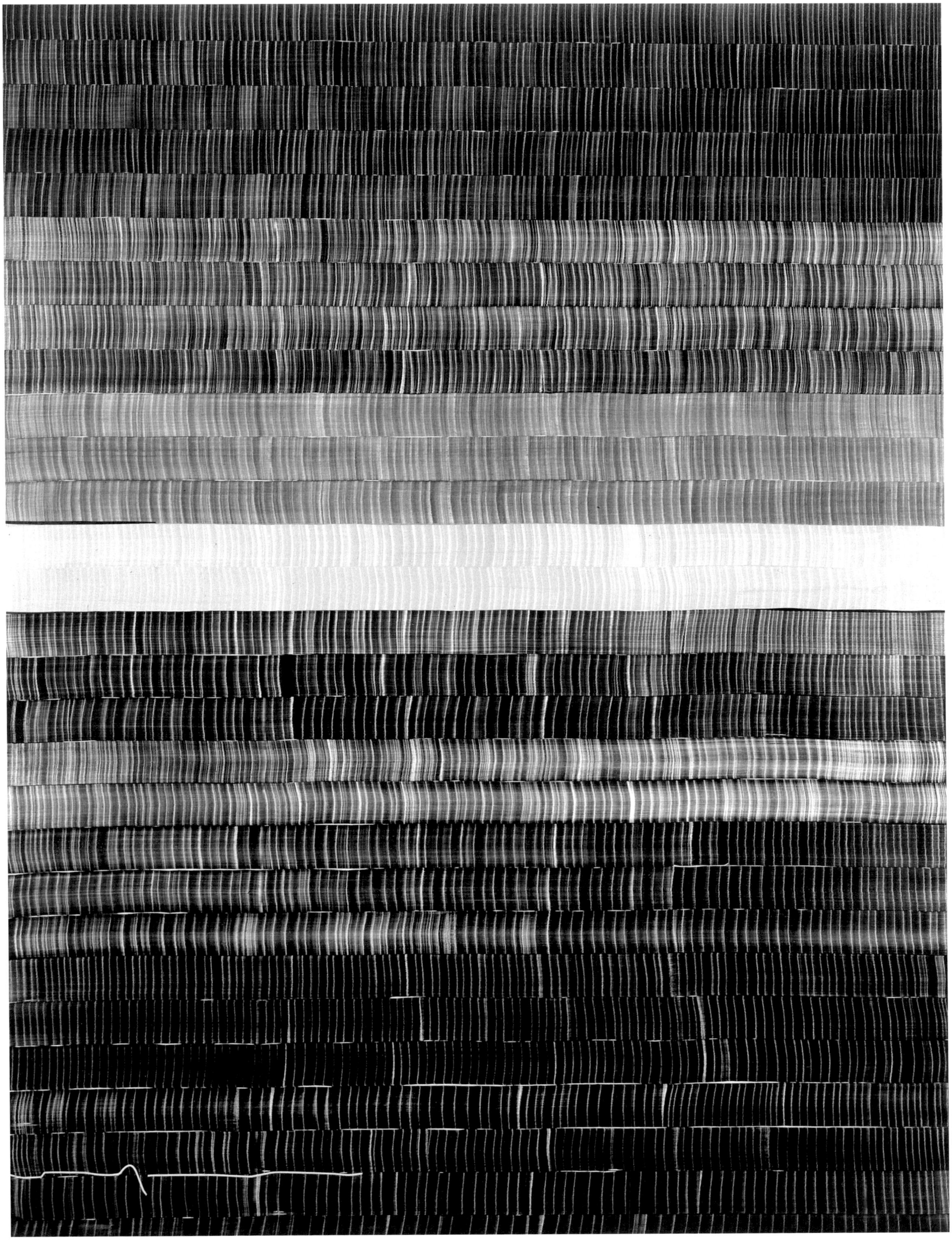

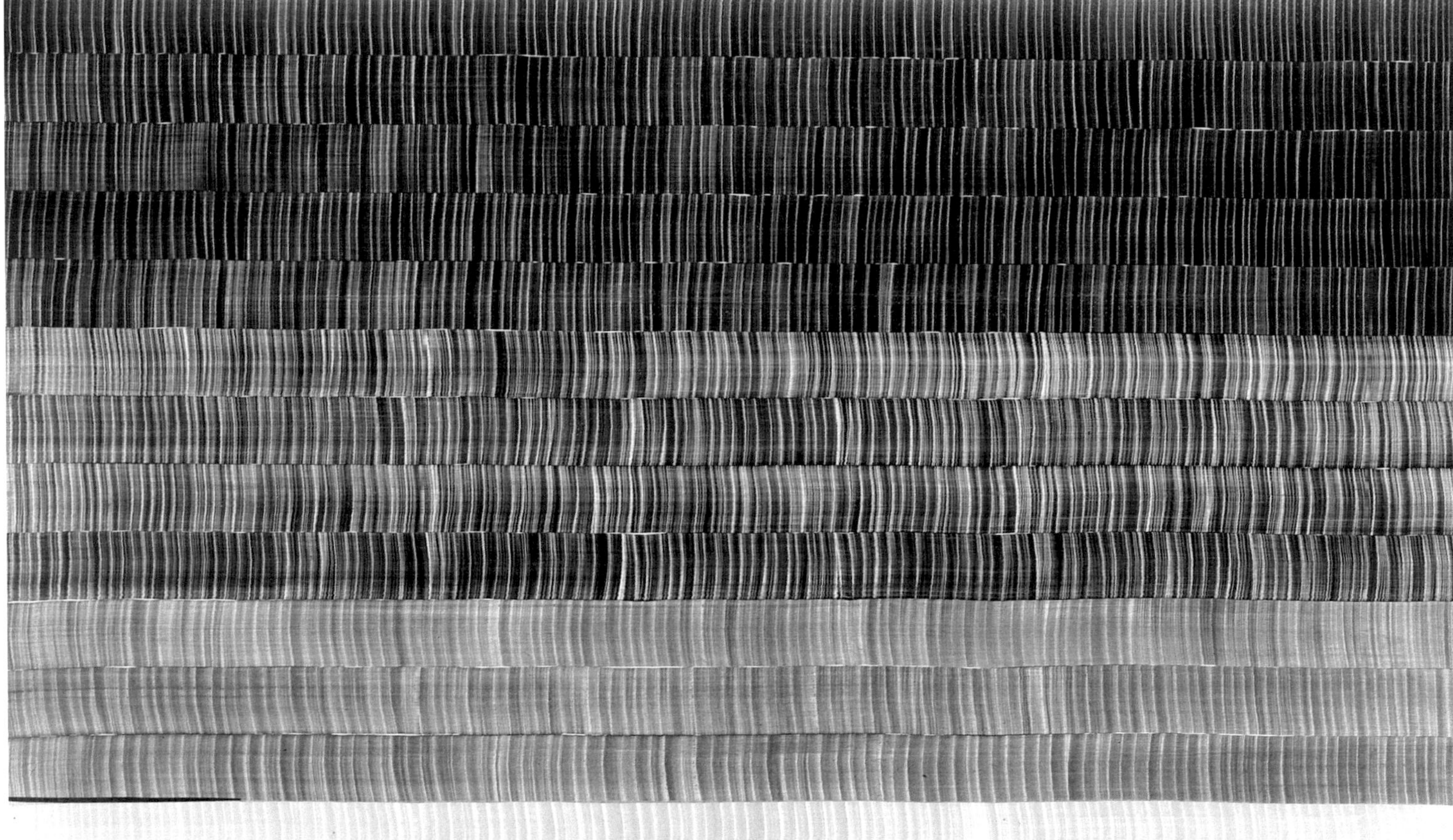

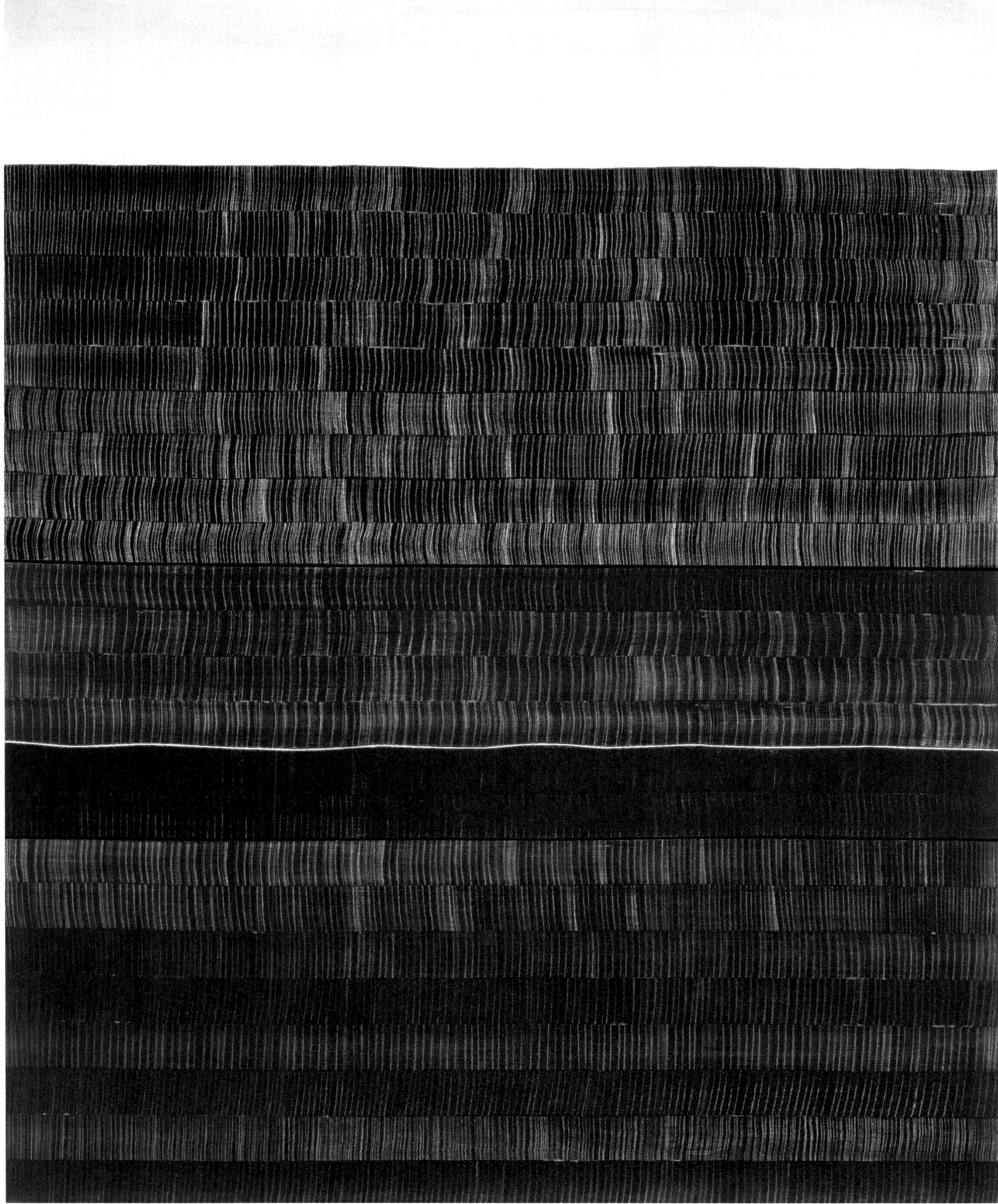

Stephan Berg

DAS DUNKLE LICHT

Das Auge ist das Gehirn, lässt Juan Uslé Kapitän Nemo in seiner Interpretation in Jules Vernes „20.000 Meilen unter dem Meer" sagen, und bringt damit Sehen und Denken, Wahrnehmen und Reflektieren zu einer gleichzeitig idealen wie paradoxen Kongruenz. Für Kapitän Nemo ist diese Behauptung insofern nicht nur schlüssig, sondern auch überlebensnotwendig, weil er als U-Boot-Kommandant in einem existenziellen Ausmaß auf sein – durch das Periskop – nach außen verlängertes und erweitertes Auge angewiesen ist, um überhaupt beurteilen zu können, was in der Welt um ihn herum vorgeht.

In Juan Uslés Werk fungiert bis Ende der 80er Jahre diese Romanfigur als Leitfigur, ja beinahe als Alter Ego des spanischen Malers. Entsprechend taucht sie nicht nur in Bildtiteln auf, sondern wird – als metaphorische Reflexion über das eigene Verhältnis zur Welt – auch direkt Bildthema. Das an ein Periskop erinnernde Gerät mit einem kreisrunden Auge, welches auf der 1990 entstandenen Arbeit *Julio Verne* (61 × 122 cm) eine verhangene, dunkle Wasserfläche durchstößt, verweist insoweit nicht nur auf die elementare Bedeutung des Sehens für diese Malerei. Sie verdeutlicht auch die Einsamkeit dieses Seh-fahrers, der, eingeschlossen in seine unter Wasser schwimmende Blechkapsel, auf das Hilfsmittel des Sehrohrs angewiesen ist, um sich mit der Welt zu verbinden. Und dabei, wie es Uslé in einem seiner Texte formuliert, nicht nur das sieht, was sich draußen abspielt, sondern immer auch die Reflexion des eigenen Auges im Spiegel des Periskop-Glases.[1]

Diese Gleichzeitigkeit von innerem und äußerem Sehen ist konstitutiv für das gesamte, weit ausgreifende Werk Uslés, das seine entscheidende Zäsur und zugleich seinen entscheidenden Antrieb 1987 erhält, dem Jahr, in dem Uslé nach New York, genauer in das damals noch nicht gentrifizierte Williamsburg zieht und fortan zwischen Amerika und seinem

spanischen Wohnort Saro in Kantabrien pendelt. Dieser Aufbruch von der alten in die neue Welt geht auch einher mit einem grundlegenden Wechsel in der Malweise. Die physische Schwere, die materielle Dichte und dunkle Melancholie der frühen 80er Jahre weicht einer zunehmend leichteren, helleren, bisweilen wie elektrifiziert wirkenden Farbpalette, in der weniger die Dinge selbst, sondern die flirrenden, entmaterialisierten Beziehungen zwischen ihnen die Hauptrolle spielen. Wie Kapitän Nemos U-Boot tauchen die Bilder aus dunklen, wässrigen Gravitationstiefen an die Oberfläche und beginnen luftig-leichte Beziehungsnetze zu spinnen, in denen das Moment der Lücke, der Unterbrechung ebenso wichtig ist, wie der Zusammenhang, der aus diesen Beziehungsfäden entsteht: „Linien sind hypothetische Antworten auf fortwährende Fragen, nämlich die, die das Bild stellt", sagt der Maler 1995.[2]

Juan Uslé hat diese New York-Erfahrung mit einer Amnesie verglichen: „Ich habe mein Gedächtnis und meine Bilder in New York verloren", führt er aus, um gleich darauf deutlich zu machen, dass dieser Verlust zugleich ein Anfang für etwas Neues war.[3] Ähnlich wie Mondrian nach seinem Umzug nach New York seine abstrakten geometrischen Raster mit der tanzenden Energie eines „Broadway Boogie Woogies" auflädt und sich dabei der Schachbrett-Stadtplan Manhattans mit seinen gelben Taxen in die Kompositionen einschleicht, sind auch Uslés New York-Bilder stets zutiefst infiziert von dem Licht und der Stimmung der Stadt, ohne dabei je eine narrative Gegenständlichkeit anzustreben. Uslé hat auf diese innere Verwandtschaft mit Mondrian bereits 1995 hingewiesen: „Seine Serie ‚Broadway Boogie-Woogie' spiegelt diese Aufweichung der Reinheit und Strenge eines transzendentalen leeren Raumes wider: Seine Räume beginnen zu flackern und sich mit Zickzacklinien zu füllen [...] Er hat mich dazu angespornt, das mit aller Hochachtung in meinem Bild *Boogie-Woogie* zu kommentieren."[4]

New York wird für den spanischen Maler der Ort eines doppelten Emanzipationsprozesses: Zum einen von der symbolisch schweren, neoromantischen Mystik des eigenen Frühwerks, zum anderen aber auch von der relativen Isolation, in der sich das Post-Franco-Spanien in den späten 70er und frühen 80er Jahren durchaus noch befand. Die eigenständige, offene Bildgrammatik, die Uslé in New York entwickelt, enthält zentrale Elemente amerikanischer Nachkriegsabstraktion und der darauf folgenden Malereibewegungen der 60er und 70er Jahre, beispielsweise die Verwendung des Pinselstrichs als Selbstausdruck, Serialität, Geometrie und Raster, mit dem erklärten Ziel des Künstlers, daraus gerade keine feste, objektivierbare Systematik zu machen. Von Anfang an richtet sich diese Malerei gegen die Vorstellung einer sozusagen subjektfreien und geschichtslosen reinen Abstraktion. Uslé sucht nach einem malerischen Weg, das Bild offen zu halten für die persönlichen und subjektiven Echos, die in ihm hallen, ohne dabei obskur oder hermetisch zu werden.[5] Dabei geht es darum, die Fiktion eines malerischen Illusionsraumes zu vermeiden und das Bild in einer prozessualen, kompositorischen Mischung auf der schmalen Linie zwischen Zufall und Entscheidung zu halten. Die Malerei, der wir hier begegnen, lässt in einem meta-narrativen Sinn das direkte Welt-Erleben mit ins Bild einfließen und betreibt dabei zugleich eine Reflexion der Syntax und Grammatik des eigenen malerischen Vokabulars.

Seit langem entwickelt sich das Werk des Spaniers in thematischen Werkgruppen, wobei oft ein bevorstehendes Ausstellungsprojekt den konkreten Anlass bildet. Innerhalb dieser Gruppen, beispielsweise *Gramática Urbana*, *Rizomas* oder *Celibataires*, beanspruchen die Bilder der „Soñé que revelabas"-Reihe (im Folgenden SQR) schon deswegen eine Sonderrolle, weil Uslé sie seit 1997 kontinuierlich bis heute verfolgt, ohne sie direkt an ein Projekt zu binden. Innerhalb des Werks stellen die SQR nicht nur die größte geschlossene Gruppe dar, sie sind vielmehr zu einer Art „Basso continuo" des Gesamtwerks geworden: Eine Folge dunkler, faszinierend vibrierender Akkorde, deren nächtliche Schwärze das Fundament für die neonglühenden, rhizomatisch miteinander vernetzten Farb-Licht-Explosionen bildet, die seit Anfang der 90er Jahre im Werk bestimmend werden. Anders als die übrigen, oft recht heterogenen Bildgruppen sind die SQR von einer beeindruckenden inneren und äußeren Geschlossenheit, die sie jenseits ihrer ohnehin

schon eindrucksvollen Maße (jedes Bild misst exakt 274 × 203 cm) monumental wirken lässt.

Der poetisch-emotionale Konzeptualismus, der Uslés gesamte Bildwelt durchzieht, begegnet uns hier in seiner strengsten, konzentriertesten Form. Jedes Bild entsteht aus der permanenten Wiederholung eines dunklen, je nach Bild zwischen grau, braun und schwarz changierenden Pinselstrichs, der Zeile für Zeile die Leinwand füllt und sie mit einer ganz eigenen, flachen Räumlichkeit versieht. Schwarze Bilder tauchen bereits im Frühwerk Uslés immer wieder auf. 1987 beispielsweise entsteht eine Serie kleinformatiger Arbeiten (Serie „1960 Williamsburg"), deren lichtlose Dunkelheit eine Schiffskatastrophe vor der Küste Spaniens in der Nähe von Santander reflektiert, bei der einige der in den umgebenden Dörfern wohnenden Spanier ums Leben kamen. Das existenziell-narrative Moment, das diese schwarzen Bilder beherrscht, weicht in den Arbeiten der „Amnesia"-Serie einer stärker formalisierten Haltung. Insbesondere *Encerrados* (*Amnesia*) von 1997 kann dabei als direkter Vorläufer der SQR-Arbeiten verstanden werden. Auf dem langgestreckten Rechteck der Leinwand wird das Schwarz mit einem breiten Pinsel Zeile für Zeile horizontal über das Bildfeld gezogen und erzeugt jeweils dort, wo der Pinsel anhält oder abbricht, einen hellen vertikalen Strich, der das Bild wie einen dunklen, geflochtenen Gatterzaun wirken lässt, durch dessen Spalten ein weißes, kühles Licht scheint. Im Gegensatz zu den erwähnten Arbeiten, die alle im Querformat gemalt wurden, sind die SQR durchweg vertikal organisiert. Das ist mehr als eine formale Änderung: Es ist der Wechsel von einer grundsätzlich landschaftlichen, an der Horizontlinie orientierten Auffassung des Bildes zu einem eher tektonischen und zugleich die Vertikalität des menschlichen Körpers reflektierenden Bild-Maß. Mit ihren knapp drei mal zwei Metern sind die Werke so groß, dass sie uns mit ihrer Präsenz quasi umfassen, ganz einhüllen, und im gleichen Moment auch die Idee eines körperlichen Gegenübers formulieren, zu dem wir uns direkt verhalten können.

Entscheidend für das Verständnis der SQR sind die Entstehungsbedingungen dieser Malerei, die wiederum von dem Zugleich träumerischer Emotionalität und konzeptuellen Momenten bestimmt ist, was für das gesamte Œuvre kennzeichnend ist. Ursprünglich begonnen aus dem Bedürfnis heraus, ein und dasselbe Bild immer und immer wieder exakt zu wiederholen, folgt die Serie zwei methodischen

Festlegungen. Zum einen entstehen die Bilder (in aller Regel) nachts. Zum anderen sind sie mit einer geradezu existenziellen Körperlichkeit aufgeladen, da der Künstler jeden Pinselstrich exakt im Rhythmus seines Herzschlags auf die Leinwand setzt, wobei der Pinsel jeweils bis zum nächsten Herzschlag auf die Maloberfläche gedrückt wird. Der Pinselabdruck, der nichts abbildet als sich selbst und damit die große historische Sehnsucht der Malerei nach absoluter mimetischer Referenzlosigkeit, nach Bildern ohne Vorbildern aufruft, ist bei Uslé zu einer Art malerischem Kardiogramm geworden,[6] einem Bild, das sowohl die Geschichte der Malerei spiegelt und kommentiert wie auch in einem ganz elementaren Sinne als Selbstporträt gelesen werden kann. Sein Echo in die Geschichte der schwarzen Bilder hinein, von Goya bis Ad Reinhardt, ist denn auch deutlich nicht von dem Wunsch nach dem „letzten Bild" oder ultimativen Purismus bewegt, wie dies beispielsweise für Reinhardt galt. Auch die religiös überhöhte Absolutheitsideologie, mit der Malewitsch sein schwarzes Quadrat ausstattete, sucht man in Uslés Schwarz vergeblich. Ganz sicher aber ist in diesen Bildern Schwarz eine Farbe der Grenzüberschreitung vom Sichtbaren zum Unsichtbaren. Schwarz ist eine Passage hin zu den Bildern der Stille, des Traumes, der Nacht. Und diese Nicht-Farbe, die zugleich die Summe aller Farben ist, stellt für Uslé (hier trifft er sich mit Ad Reinhardt) eine entscheidende Möglichkeit dar, das Licht, das in allen seinen Arbeiten eine so große Rolle spielt, sichtbar zu machen, gerade indem er es mit seinem Gegenteil konfrontiert. Zu der Amnesie, von der Uslé als produktiver Voraussetzung für seine Malerei gesprochen hat, kommt gewissermaßen die Erblindung: das „Nicht(s)-sehen-Können als Bedingung für ein anderes, inneres Sehen"[7]. SQR zeigt auf eindrucksvolle Weise, wie reich und farbig diese Verdunkelung des Sehens sein kann. Die Serie beginnt 1997 gleich mit einer der schwärzesten Arbeiten der gesamten Folge, aus der sich erst nach und nach die horizontale Zeilenstruktur[8] der Pinselstriche und ein minimaler Farbverlauf zu einem schwärzlichen Blau im unteren Bilddrittel zu erkennen geben. Diesem Bild muss seine Sichtbarkeit sozusagen Blick für Blick abgerungen werden. Seine in Zeilen organisierte Bildlichkeit suggeriert eine Lesbarkeit, die uns dazu herauszufordern scheint, es zu „entziffern", und uns gleichzeitig jede mögliche Lösung verweigert.

Der Text, den diese Bilder schreiben, bezieht seine Dichte daraus, dass er seine eigene Verdunkelung betreibt, dass er Pinselstrich für Pinselstrich ein Bild seiner eigenen, geheimnisvollen Undurchdringlichkeit erschafft. Der Titel „Soñé que revelabas", zu Deutsch etwa „Ich träumte, dass du erscheinst", macht dabei nicht nur deutlich, dass diese Bildgenese weniger von exakter Planbarkeit als von der Kraft der Imagination bestimmt ist. In ihm steckt auch eine Referenz auf den fotografischen Prozess, auf das geheimnisvolle Erscheinen des Bildes im Entwicklerbad des Fotolabors. Im Lauf der Jahre gibt es dabei Phasen, in denen die Pinselstriche heller, transparenter werden und sich bisweilen in den strengen Rhythmus der einzeln gesetzten, rechteckigen Pinselabdrücke breite, horizontal gezogene Farbbahnen einschleichen, vgl. *SQR XII*, 2002, und *SQR XV*, 2002. Zudem gestattet sich Uslé die Freiheit, in die strenge asketische Schwarz-Grau-Monochromie hinein einzelne Farblinien und Farbpunkte zu setzen (*SQR XIV*), die vor dem dunklen Fond geradezu schmuckhaft leuchten. Vor allem in den helleren Bildern, in denen der Pinselabdruck kein gleichmäßiges, paralleles, hauchfeines Linienraster ergibt, sondern sich als helles Zick-Zack-Band auf der Leinwand manifestiert, wirkt die Bildstruktur bisweilen wie gewebt und erinnert in ihrer seriell-ornamentalen Qualität an Teppichmuster [*SQR IX (Ikuros dream)*, 2001/02, *Onon*, 2008].

Noch deutlicher allerdings trägt die Bildstruktur der SQR ein kinematografisches Moment in sich, nicht zuletzt aufgrund der Struktur der Pinselstriche, die in ihrer endlosen Addition wie Filmstreifen wirken.[9] Der extrem dünne, durchscheinende Farbauftrag der Vinyl- und Dispersionsfarben, mit denen Uslé arbeitet, und das wie hauchfeiner Puder über der Bildoberfläche liegende Pigment verstärken den transparenten, zelluloidartigen Charakter dieser Malerei, die stets „auch etwas Phantasmatisches ausstrahlt, die Aura eines virtuellen Nicht-Raums"[10]. Tatsächlich sind Kino und Film wie auch die Erfahrung der von Neonflimmern durchstrahlten urbanen Metropole ein entscheidender Einfluss im Gesamtwerk des Spaniers.[11] Uslé hat in diesem Zusammenhang in einem seiner Texte aus dem Jahre 1993 ausgeführt, dass ihn am Kino am meisten die reale Zeit fasziniere, die man verbraucht, während man den Film betrachtet.[12] Diese Äußerung führt zu einem weiteren zentralen Aspekt der SQR-Bilder: dem Zusammenhang zwischen Bild und Prozess. Es geht Uslé dabei – und das gilt auch für das Gesamtwerk – um nichts weniger als um eine Bildrealität, die in ihrer Totalität zugleich den Prozess, der zu ihr führte, wie auch jeden einzelnen Augenblick dieses Prozesses sichtbar und erlebbar hält. In diesem Sinn sind Moment

und Dauer, Prozess und Ergebnis auf jedem SQR-
Gemälde unauflöslich miteinander verbunden. Das
Momentum des Pinselstrichs addiert sich zu einem
Prozess, der zu einem Bild führt, das in dem schimmernd-schmalen Zeit-Raum zwischen Präsenz und
Verlöschen immer auch die Dauer abbildet, die es benötigte, dieses Bild zu malen. Ohne zum Meta-Text
zu werden, speichern Uslés SQR verschiedenste
Aspekte dessen, was heute ein Bild sein kann und zu
sein vermag: Autoreflexiver Malakt, porträthafter
Ausdruck des eigenen Körperbewusstseins, prozesshafter Nachvollzug von Augenblick und vergehender
Zeit und die Vergegenwärtigung der ewigen Sehnsucht danach, im Bild etwas sichtbar zu machen, was
eigentlich strukturell unsichtbar bleiben muss.

Anmerkungen:

1) Vgl. *Juan Uslé. Back & Forth*, Ausst.-Kat. IVAM, Institut
     Valencià d'Art Modern, Valencia 1996, S. 252.
2) Ebd. S. 259.
3) Ebd. S. 262.
4) Ebd. S. 260.
5) John Yau, „Embrace. The Paintings of Juan Uslé", in: *Juan
     Uslé. Switch on/Switch off*, Ausst.-Kat. Centro de Arte
     Contemporáneo de Málaga, Málaga 2008, S. 73.
6) Vgl. John Yau im Gespräch mit Juan Uslé (ursprünglich in:
     The Brooklyn Rail, April 2011), wiederabgedruckt in: *Juan
     Uslé*, Ausst.-Kat. Galerie Lelong, Paris 2013, S. 37ff.
7) Stephanie Rosenthal, *Die Farbe Schwarz in der New York
     School*, Dissertation, München 2003, S.51.
8) Bis auf die Arbeit *SQR V* (2000/01), auf der die Pinselstri-
     che vertikale Zeilen bilden, weisen alle übrigen Arbeiten der
     Serie eine horizontale Zeilenstruktur auf.
9) Vgl. David Carrier im Interview mit Juan Uslé, in: *Juan Uslé.
     Open Rooms*, Ausst.-Kat. Museo Nacional Centro de Arte
     Reina Sofía, Madrid 2003, S. 38f, und John Yau, „Embrace.
     The Paintings of Juan Uslé", in: *Juan Uslé. switch on /
     switch off* 2008 (wie Anm. 5), S.74f.
10) Stephan Berg, „Das Momentum der Malerei", in: *Juan Uslé.
     First Time Germany*, Ausst.-Kat. Museum Morsbroich, Lever-
     kusen 2002, S.22.
11) Vgl. dazu auch das Werk von David Reed.
12) *Juan Uslé. Back & Forth* 1996 (wie Anm. 1), S. 255.

Raphael Rubinstein

IN DER NACHTWELT

Ich stehe vor einem Bild von Juan Uslé aus den Jahren 2001/02, der Nummer XVI in einer Serie, die den Titel „Soñé que revelabas" (Ich träumte, dass du erscheinst) trägt.

Mein erster Eindruck der drei Meter hohen und über zwei Meter breiten Leinwand ist der von dutzenden schwarzen Bändern, die Zeile um Zeile straff über das Bild gespannt wurden. Ich stelle mir also vor, dass Horizontalität die Grundlage des Bildes ist und vielleicht sogar sein „Thema". Dann aber bemerke ich beinahe sogleich etwas, dass dieser ersten Annahme entgegensteht: Jedes der „Bänder", wie ich sie für mich nenne, besteht aus unzähligen senkrechten Linien, die der Künstler in abgehackten Pinselbewegungen auf die Leinwand gesetzt hat.

Wie kann ein Gemälde von so ausgeprägter Horizontalität in Wirklichkeit aus einer immensen Zahl von Vertikalen bestehen? Ich stelle die Frage einstweilen hintan und besehe mir das Bild genauer. Dabei stelle ich fest, dass jede der senkrechten Linien innerhalb der waagerechten Bänder ihrerseits zahllose kleine Schwingungen aufweist. Die Abstände dieser schwingenden Linien schwanken sowohl innerhalb eines Bandes als auch im Verhältnis zu den Bändern darüber und darunter.

Jede der senkrechten Linien ist ein wenig gekrümmt, als stehe sie unter Druck. Das verleiht dem Gemälde etwas Geologisches, lässt an Sedimentschichten denken oder an der Erdkruste entnommene Bohrkerne.

Dann fällt mir ein weiteres lineares Element auf: Jedes der Bänder ist von helleren Adern wie winzigen Blitzen durchschossen, vielleicht den Reflexen eines harten Streiflichts.

Plötzlich wirkt es auf mich wie eine Schultafel, die nach irgendeinem System methodisch abgewischt wurde, oder wie eine mit Kreidestrichen geführte Zählung.

Die Bänder schließen sich zu helleren und dunkleren Gruppen zusammen. So sind die obersten fünf Bänder dunkler als die fünf darunter, die wiederum heller sind als die nachfolgende Gruppe (man kann sie sich wie Folgen von Wellen vorstellen, die ein Segler oder Surfer aufmerksam verfolgt), die von oben nach unten nach und nach dunkler wird, bevor das nächste Farbereignis auch sie unterbricht.

Wie alle Gemälde in der Serie SQR gleicht dieses Bild einer symphonischen Komposition, in der Instrumente ihren Einsatz haben und wieder verstummen, sodass ein unablässig sich wandelndes Klanggewebe entsteht. Man könnte es als Partitur für ein Musikstück verwenden.

Dann kommen zwei Zeilen, in denen die weißen senkrechten Linien sehr weiß sind, was meine Aufmerksamkeit auf eine weitere Art der Variation lenkt: In jeder Gruppe von Bändern hat das Verhältnis von Weiß (Linie) zu Schwarz (Grund) eine andere Wertigkeit.

Und dann darf ich die schmalen schwarzen waagerechten Lücken zwischen den Bändern nicht übersehen. Noch dazu sind diese „Ritzen" an einigen Stellen in der Nähe des oberen und des unteren Randes des Bildes nicht schwarz, sondern weiß.

Ein Band (das zweite von oben) zeigt einen deutlichen silbrigen Schimmer, oder liegt das nur an der Beleuchtung? Ich wechsle den Blickwinkel, um herauszufinden, ob das, was ich da sehe, „in der Malerei selbst" liegt oder eine „Wirkung des Lichts" ist. Aber natürlich sind diese zwei Kategorien überhaupt nicht auseinanderzuhalten, jedenfalls nicht bei einem Maler wie Uslé.

Mal wirkt jedes Band auf mich wie ein aus einem Baum herausgesägter Streifen Holz, auf dem sich die Jahresringe abzeichnen, mal wie ein Stück Magnetband, das ein Tonmeister abgeschnitten hat.

In einigen der Bänder fangen die Linien an, sich ein wenig nach links oder rechts zu neigen.

Ich denke an aus altmodischen metallenen Lettern gesetzte Zeilen. Dann wieder erinnern die Bänder mich an Keilschrifttafeln, eine Verknüpfung, die mir zuerst in den Sinn kam, als Uslé erwähnte, dass einige Gemälde aus der Serie SQR die Untertitel *Tigris* und *Éufrates* tragen (sie entstanden in Reaktion auf den Irakkrieg).

Uslé selbst beschreibt die Arbeit an den SQR-Bildern als an die innere Tätigkeit seines eigenen Körpers gekoppelt. „Ich bewege den Pinsel und drücke bis zum nächsten Schlag meines Herzens auf. Ich versuche, mich an eine Sequenz, einen Rhythmus zu halten, der vom Takt meines Herzschlags vorgegeben wird." Ein Grund, warum er, vor allem in New York, vorwiegend nachts an der Serie arbeitet, ist, so sagt er, dass er Ruhe braucht, um sich auf das Pulsieren seines Blutes konzentrieren zu können. Die Anknüpfung der Pinselbewegung an die des Blutes bedeutet, dass die Bilder zu einem gewissen Grad durch seine körperliche Verfassung bestimmt werden. „Das Ergebnis", so erklärt er, „wechselt von Arbeit zu Arbeit und von Tag zu Tag je nachdem, wie ruhig oder erregt mein Puls ist (das Herz pumpt nicht immer gleich viel Blut)".

Die Linien in Uslés SQR-Bildern (also die kurzen Vertikalen, aus denen die waagerechten Bänder zusammengesetzt sind) sind nicht einzeln gesetzt, sondern ergeben sich aus einem Prozess (in dem der Pinsel im Rhythmus des Herzschlags des Künstlers nacheinander aufgedrückt und wieder angehoben wird). Dieser Prozess liegt den größeren Mustern zugrunde, die demnach nicht das Ergebnis bewusster Entscheidungen sind. Das erklärt wohl ein Stück weit das textilartige Erscheinungsbild der Gemälde, die manchmal an Moiréseide und andere Gewebemuster erinnern. Überhaupt lassen Uslés Bilder auch außerhalb der Serie SQR oft an gemusterte Stoffe, insbesondere an bestimmte afrikanische Textilien, denken, also an das, was der Forscher Robert Farris Thompson „rhythmisierte Textilien" nennt.

Doch obwohl sie in einem Prozess entstehen, ist jede der Linien (in *SQR XVI* sind sie senkrecht, in anderen Arbeiten diagonal) einzigartig. Es wäre unmöglich gewesen – oder hätte doch ein aus ganz anderer Quelle gespeistes künstlerisches Empfinden erfordert –, jede dieser Linien von Hand zu ziehen. Und dann hätte Uslé keinen Zugang zu jener tiefgründigen physischen Ordnung gewonnen, aus der die Serie ihre Kraft bezieht.

Die SQR-Bilder sind äußerst trockene Gemälde. „Trocken" nicht im Sinne eines Mangels an Empfindung oder Gefühl, sondern als das Gegenteil von nass. Sie sehen aus, als hätte man sie aus nichts als Schiefertafeln und Kreidestaub herstellen können oder aus versteinertem Wetter oder aufgezeichneten Klängen. „Trockenpigment" ist in der Tat eines der Materialien, die der Künstler verwendet; dazu kommen Vinyl und Dispersionsmedium. Man denkt nicht, dass sie mit einem Pinsel gemalt sind (auch wenn man weiß, dass dem so ist). Nirgends ist auch nur ein Tropfen zu sehen.

Das methodische Verfahren und das Vorgehen, in einer oberen Ecke anzufangen und die Leinwand Zeile um Zeile auszufüllen, erinnert unwillkürlich an das Werk Roman Opałkas, eines polnisch-französischen Künstlers, der sich bis zu seinem Tod beinahe ausschließlich damit beschäftigte, Leinwand nach Leinwand in dicht aneinandergesetzten Zeilen mit weißen Zahlen auf immer hellerem Grund zu bemalen. Beide Künstler scheinen ihr Werk und den Betrachter in ein Reich der Meditation zu führen, mit dem Ziel einer Zen-artigen Entleerung des Bewusstseins. Die Arbeit an diesen Bildern, so Uslé, „ist, als füllte ich die Welt mit Stille, einer Stille aus dem Nichts, auch um einen wenigstens ausreichend großen, großzügigen Raum zu bezeichnen, der zu diesem Zweck gewählt wurde. Es ist wie ein Exerzitium, eine Reinigung, eine Suche nach Leere anhand einer biologischen Bezugsgröße. Vielleicht male ich diese Bilder, weil unser Sehen zu verunreinigt ist und weil Bilder uns manchmal quälen. Wir sind von Bildern überlastet, die wir ständig einatmen." Allerdings verlässt Uslé sich auf die inneren Rhythmen seines Körpers, wohingegen Opałka eine strenge mathematisch-konzeptuelle Struktur schafft.

Andere Kritiker (Kevin Power, Alisa Tager) haben das besondere Flackern in Uslés Gemälden bemerkt. Die Bilder der Serie SQR zeigen einen stroboskopartigen Effekt, als sei eine Lichtquelle in schnellem Takt ein- und ausgeschaltet worden, um ein Gefühl verlangsamter Bewegung zu vermitteln. Sie legen einen interessanten Zusammenhang zwischen pulsierender Beleuchtung und dem inneren Puls des menschlichen Körpers nahe.

Neben der lebendigen Farbigkeit anderer Gemälde von Uslé mögen die SQR-Bilder wie „schwarze" Malerei wirken, aber gemessen am Werk des berühmtesten Schöpfers „schwarzer Bilder", Ad Reinhardt, zeigen Uslés Leinwände ein reiches Spiel der Farben. Es gibt SQR-Bilder mit blauen Bändern, roten, grünen und rosafarbenen Linien, Reihen roter oder gelber Punkte.

Zwei andere „schwarze" Werkgruppen: Goyas (die allerdings eher der Stimmung als der Farbgebung nach „schwarz" sind) sowie eine Reihe von Bildern aus der Mitte der 1960er Jahre, die die Künstlerin Joan Mitchell ihre „schwarzen Bilder" nannte – „obwohl Schwarz in ihnen nicht vorkommt".

Bei einem Besuch in Uslés Atelier in einem alten Gebäude an der Ecke Broadway und Bleecker Street erwähne ich, das Ad Reinhardt sein Atelier ebenfalls am Broadway hatte, nur vier Blocks weiter nördlich, im Haus Broadway Nr. 732. Uslés Bemühen um Abbildlosigkeit in der Serie SQR hat viel mit Reinhardts Projekt gemeinsam, aber man kann sich kaum einen Künstler vorstellen, der weniger doktrinär, weniger auf Ausschließung bedacht wäre. Später dachte ich darüber nach, wie wichtig der Broadway für einen anderen nach New York eingewanderten Künstler war, der von großer Bedeutung für Uslés Arbeit ist: Piet Mondrian, den Schöpfer von *Broadway Boogie Woogie* (1942/43). 1991 malte Uslé ein Bild mit dem Titel *Boogie-Woogie*, in dem Tropfen weißer Farbe auf rotem Grund ein Raster bilden.

Das urbane Umfeld ist für Uslé entscheidend, wie die vielen Fotos von architektonischen Details zeigen, die er in verschiedenen Städten aufgenommen hat. In ihnen treten Licht, Farbe und Muster in ein leuchtendes Wechselspiel, das sich unverkennbar in seinen Gemälden widerspiegelt. Uslé zählt offenbar zu den abstrakten Malern, deren Werk unmittelbar mit bestimmten Stadtlandschaften kommuniziert. In dieser Hinsicht sehe ich seine Malerei in der Nähe des Frühwerks Ellsworth Kellys und der von Paris und New York inspirierten Kompositionen Shirley Jaffes.

Als ich Uslé an einem Tisch gegenübersaß, fiel mir die Backsteinmauer des Nachbargebäudes nur wenige Meter vor seinem Atelierfenster auf: das

Bayard-Condict Building, das einzige Werk des großen Architekten Louis Sullivan in New York. Das zwischen 1887 und 1889 errichtete Bayard-Condict war einer der ersten Stahlskelettbauten in der Stadt. Seine Terrakotta-Schaufassade ist unverwechselbar, aber die von Uslés Atelier aus sichtbare Seitenfront des Gebäudes ist eine schmucklose Ziegelmauer. Mir schien offenkundig, dass jahrelange Arbeit in unmittelbarer Nachbarschaft zu dieser riesigen Backsteinfläche Uslés Herangehensweise an Modularität wie auch seine nuancierte Verwendung wechselnder Farben beeinflusst haben musste. Der Künstler sagte mir, dass ein bestimmtes Werk, ein dunkles horizontales Gemälde aus dem Jahr 1997 mit dem Titel *Encerrados (Amnesia)*, ein Vorläufer der SQR-Gemälde, ihn besonders an die Backsteine von Sullivans Gebäude erinnert.

Im Gespräch mit mir erwähnte Uslé ein „Negro el 10" überschriebenes Gedicht von Julio Cortázar (der Titel, „Schwarz, 10", bezieht sich auf das Roulette-rad). Obwohl ich Cortázars Werke seit langem kenne und sehr schätze, war mir dieses Gedicht neu. Der Autor verfasste es in einem Pariser Krankenhaus nur wenige Tage vor seinem Tod im Jahr 1984. Das als Begleittext zu einer Reihe von Lithografien seines Freundes Luis Tomasello entstandene Gedicht besteht aus zehn nummerierten kurzen Stücken, die sich aus verschiedenen Blickwinkeln dem Thema Schwarz nähern. Im ersten Stück geht es um die Vorstellung von Schwarz als Leere: „1. Empieza por no ser. Por ser no. El Caos es negro. / Como es negra la nada." (Zu Deutsch ungefähr: „1. Fang an damit, nicht zu sein. Das Nicht zu sein. Das Chaos ist schwarz. / Wie das Nichts schwarz ist.") Das zweite Stück schließt mit einem Satz, von dem ich angesichts des Wechselspiels von Licht und Dunkelheit in den SQR-Bildern – wo es scheint, als habe sein schwarzes Pigment ein gleißendes Licht eingefangen, das es jetzt in einem unregelmäßigen Aufblitzen freigebe – vermute, er sei für Uslé von besonderer Bedeutung: „Toda luz en el carbón se abisma en el basalto" – „Alles Licht in der Kohle versinkt im Basalt".

Die SQR-Gemälde unterscheiden sich von Uslés anderen Bildern nicht nur in ihrer reduzierten Farbgebung und der von Kante zu Kante geschlossenen All-over-Malerei, sondern auch in ihrer Einheitlichkeit, ihrer seriellen Struktur. Normalerweise beginnt er die Arbeit an jedem neuen Werk ohne Voraussetzungen und sucht, wie er sagt, nach „Nicht-Wieder-

holung", aber nachdem er drei „schwarze" Bilder
gemalt hatte, beschloss Uslé, dass die Zeit reif war,
seine eigenen Regeln zu brechen. „Ich dachte mir,
warum nicht mit einem neuen Projekt anfangen, das
auf dieser Idee [der Gleichförmigkeit] beruhen würde, das die Idee und die Möglichkeiten der Wiederholung erkunden würde?"

Die SQR-Bilder sind auf eigene Art zurückhaltend.
Die Wiederholung in ihnen hat, so scheint mir, weni-
ger mit klassischer Minimal Art zu tun als mit Brian
Enos Idee der Ambient-Musik, also Kompositionen,
die auf die Herstellung eines angenehmen akustischen
Umfelds zielen. Enos erste Ambient-Musik auf dem
1978 erschienenen Album *Ambient 1: Music for Airports* verbreitet ein Gefühl gelassenen Dahintreibens.
Durch den Einsatz von Endlosbändern verschiedener
Spieldauer entsteht der Eindruck eines Gleitens zwischen wiederkehrenden Klangeinheiten; darin ist diese
Musik der Verschmelzung von Wiederholung und
Zufall in Uslés Gemälden sehr ähnlich. Ich stelle mir
vor, wie er spätabends in seinem New Yorker Atelier
arbeitet; die Geräusche des Verkehrs in den Straßen
mehrere Stockwerke unter ihm dringen nur gedämpft
und wie von fern ein, sodass sein Loft so still ist, dass
er die Rhythmen seines eigenen Blutkreislaufs hören/
spüren kann: ein Soundtrack ganz im Stil von Enos
Ambient-Musik, den ich mir so deutlich vorstellen
kann, dass ich ihn beinahe höre. Ein Hauptmerkmal dieser Musik ist die Freiheit, die sie dem Hörer
lässt. Im Begleitheft zu *Music for Airports* erklärt
Eno, Ambient-Musik müsse „vielen verschiedenen
Aufmerksamkeitsniveaus Rechnung tragen, ohne
ein bestimmtes zu erzwingen". Auf bemerkenswert
ähnliche Weise fordern die SQR-Bilder nie die Aufmerksamkeit des Betrachters ein, sondern erwarten sie
geduldig. Es gibt nicht die eine richtige Weise, diese
Bilder zu anzusehen: Der Blick kann über sie hingleiten, so wie man auf hoher See das Auge über den
Horizont streifen lässt, oder bei Einzelheiten stehenbleiben und sie genauer mustern. Als Antwort auf eine
lange Geschichte modernistischer Abstraktion sind
die Gemälde mit ihrer Eleganz, formalen Komplexität und raffinierten Behandlung von Raster und Feld
eine Augenweide, aber sie lassen sich insbesondere
angesichts ihrer quasi-indexikalischen Grundlage in
der zwingenden Verknüpfung von Pinselstrich und
Puls auch als Versuch betrachten, sich dem Erbe eben
dieser Abstraktion zu entziehen.

Uslé sagt, dass der Titel sich auf das Reich der
Träume bezieht, aber auch auf die fotografische

Dunkelkammer. Das Spanische kennt für sie zum
einen den Ausdruck *cuarto de reveler*: eine Kammer der Entwicklung oder Offenbarung. Die andere
Bezeichnung, *cuarto oscuro*, kommt dem englischen
darkroom oder dem deutschen Wort *Dunkelkammer*
näher. Oft denken wir uns Dunkelheit und Offenbarung als Gegensätze. Es zählt zu den vielen denkwürdigen Paradoxien der Bilder in Juan Uslés Serie
„Soñé que revelabas", dass sie uns zeigen, wie viel
sich im Schutze der Dunkelheit offenbaren lässt, in
tiefer Nacht, wenn wir der raunenden Musik unseres
unsichtbaren Blutes lauschen, wenn wir aus Fenstern
auf alte Backsteinmauern blicken, wenn wir uns dem
bevorstehenden Erlöschen allen Lichtes in einem im
Krankenhausbett verfassten letzten Gedicht stellen,
wenn wir vor einem Gemälde stehen, bei dem ein
Künstler seine normale Palette beiseitegelegt hat, um
uns einzuladen, ihm in eine Nachtwelt zu folgen.

Alle Äußerungen des Künstlers zitiert nach „Juan Uslé with John
Yau", einem im April 2011 in *The Brooklyn Rail* erschienenen
E-Mail-Interview. Julio Cortázars Gedicht „Negro el 10" findet
sich in einer Druckfassung sowie im Originalmanuskript auf
der Webseite der *Revista de la Universidad de México*: http://
www.revistadelauniversidad.unam.mx/0104/pdfs/negro.pdf,
und auf Seite 3 in diesem Katalog.

Ángel González

SQR: LA CANCIÓN DE LA NOCHE

"Si sueñas que estás despierto
es porque ya no te queda
más realidad que tu sueño".
José Bergamín

"Cada imagen es de suyo un sueño".
Walter Benjamin

Abruptamente dividida entre los rigores de la geometría y la engañosa fatalidad del gesto, la abstracción lleva desde sus orígenes dando tumbos, extrañada de casi todo lo que al principio parecía a su alcance y no dudaba en proclamar y prometer, tan innumerable como halagüeño, un "mundo" tan propicio a la vida como el mundo propiamente dicho, este que habitamos y ha inspirado a los artistas durante siglos[1].

Todo en efecto había parecido posible antes de serlo solo casi nada. Falta de fundamento intelectual, pues ni Kandinsky ni Greenberg hicieron otra cosa que parlotear[2], y falta sobre todo de una conciencia de sus poderes figurativos, digámoslo así aunque suene paradójico, la abstracción sigue languideciendo, fantasma y estereotipo de sí misma, habitante de cualquier callejón sin salida, y en primer lugar del que constituye una especie de obligación con su propia historia, que en los Estados Unidos, donde se presenta como una tradición digna de respeto y a menudo de obligación con lo que falsamente se cree su principal contribución al arte del siglo XX, no puede ser más plomiza y sofocante.

No quiero disimular mi poquísimo aprecio por esa clase de arte, incapaz de asumirse y redimirse como decoración, tan cerca como tenía esta clase de

arte nobilísima. Solo efectivamente empezando por declarar mi desconfianza en algo que encuentro ya venido a menos como la abstracción, y ello sin contar con sus deplorables inclinaciones "espirituales", cobrará todo su sentido la reivindicación que voy a hacer aquí de la pintura de Juan Uslé, que no dudo en considerar –¿para qué darle más vueltas o dejarlo hasta el final?– la más atractiva y estimulante que yo conozca, la única incluso en estos tiempos en que se la ve más exhausta que nunca.

La causa de esa excelencia luminosa y universalmente reconocida, no solo radica en las facultades de Juan como pintor, sino también, y por de pronto, en algo que les ha permitido revelarse y desplegarse, algo que ya he dicho echaba penosamente a faltar en la inmensa mayoría de los practicantes de la abstracción: la clara conciencia de sus poderes; o sencillamente, el hecho, maravillosamente evidente en la pintura de Juan, de poderlo todo, de poder virtualmente con todo; o sea, con la totalidad de la experiencia que del mundo en su conjunto tiene el artista: de cada cosa vista y sentida, a cualquier hora del día y en cualquier estación del año, bajo cualesquiera circunstancias, en la gran ciudad o en una casita en la montaña… Que yo sepa nadie había formulado, ni siquiera los pioneros como Kandinsky o como Kupka, un programa tan ambicioso para la abstracción: todo precisamente, cualquier cosa vivida y recordada, tal vez soñada.

Juan lo ha dicho de un modo tan sucinto y contundente, que no en vano se ha vuelto memorable para sus admiradores: "Abstraction is a blind room, but everything is there. You need only press a button and everything will appear"[3]. Los críticos se han detenido y demorado con razón en este dictum de Juan, pero la mayoría obsesionados por la acción de pulsar el botón que lo pone todo al descubierto[4]. Lo que importa sin embargo es que todo eso ya estuviera antes, sumergido en la sombra, al acecho; que la habitación estuviera desde el principio y de por sí colmada de lo que a primera vista solo parecía oscuridad. De qué en concreto, algo intentaré contar aquí.

Ciertamente, la imagen del botón ha distorsionado un poco el relato de Juan. De pronto, nos cuentan aturdidos los críticos, *la luz se hace*; una luz casi más *cegadora* que la oscuridad que antes reinaba en la habitación. Todo parece ocurrir en un abrir y cerrar de ojos, fulminantemente, de la manera casi milagrosa que precisamente sucede al pulsar el botón de la luz. Pronto vamos a ver que los cuadros de la serie que se expone ahora „Soñé que revelabas" (SQR) retrasan ese instante de iluminación total y totalizadora, ese acontecimiento cuasidivino de que la luz de pronto se haga con independencia de lo que alumbre, que en el *Génesis* todavía –¡ay!– no era nada, solo luz, vacía de cualquier otra cosa susceptible de ser pintada, que la luz por sí sola no lo es, se diga lo que se diga, y entre otras tonterías que haya "pintores de la luz" o cuadros "rebosantes de luz", como si pudieran servir para guiarse por la casa cuando se funden los plomos.

Lo que tenemos en cambio son cuadros claros y cuadros oscuros, unos más que otros, y de ahí que Émile Zola, al hablar de sus contemporáneos los impresionistas, dijera que sus cuadros constituían un "Salón claro" contrario al tradicional "Salón oscuro". Digamos, pues, que lo que "se hace" al pulsar ese ambiguo botón es la claridad; y entiendo yo que al pintor se le va haciendo cada vez más claro que la abstracción *lo puede todo*, tanto al menos como la figuración. Yo imagino que Juan caería en la cuenta de ello poco a poco, casi de la misma manera que se hace de día, que su claridad se impone a la oscuridad de la noche. Al *clarear*, se decía en castellano viejo para hacer más visible un recorrido

que en la palabra amanecer, ahora la más habitual, afloja y se remansa.

Como cualquier otro de los trabajos de los hombres, el de pintar gira alrededor del día. Los trabajos y los días no se han nombrado juntos por capricho. Y por cierto que, de todas las horas del día, la del alba, una palabra que extrema la claridad que se va haciendo, es de todos sin excepción: la hora de los amigos de la noche que regresan a sus casas, los noctámbulos, y la de quienes se levantan para ir a trabajar. La iluminación eléctrica no ha conseguido subvertir del todo ese régimen tan severo, tan imponente, y además tan entrado en razón, que la locura de Don Quijote se manifiesta al principio mismo de la novela en su confusión entre las noches, que "pasaba de claro en claro", y los días, que en cambio "pasaba de turbio en turbio". ¡Qué modo tan ingenioso de explicar lo que no parece la penosa clase de locura de la que solo podemos apiadarnos, sino precisamente esa otra que va a transformar la vida de Alonso Quijano, rutinaria y aburrida, como el propio Cervantes se precipita a señalar, en la opuesta, agitada y abigarrada, aventurera, interesantísima todavía para los lectores del libro!

Tal habría sido el tipo de locura que los alienistas de finales del siglo XIX asociaban alegremente al talento artístico, y que el propio Jacques Lacan –tan conservador en muchas cosas– atribuía a los paranoicos. Muy probablemente, a muchos lectores esto les va a parecer una antigualla; pero el caso es que las razones por las que un ser humano se acaba convirtiendo en un artista no admiten otra explicación mejor que aquel desorden que el joven William Blake reivindicaba, contra la apocada opinión de Sir Joshua Reynolds, a propósito de la vida que había llevado Rafael de Sanzio, desordenadísima y hasta excesiva. Y ¿qué mayor desorden efectivamente –y ya veis que descarto expresiones más rimbombantes como la platónica *theia mania*– que el que se produce entre el día y la noche, tan moderno por otra parte, lo más moderno de todo?

No habría sido, pues, una luz fulminante la que le reveló a Juan Uslé los enormes poderes de la abstracción, que su pintura ha explorado y explotado de un modo tan sobresaliente, sino los devaneos entre la claridad y la oscuridad; la confusión que se manifiesta al clarear. Es ahí, en ese borde confuso e inestable, donde "se empieza" a hacer la pintura de Juan; donde se divide entre una que tira con fuerza hacia el resplandor del día y otra que sigue con los ojos puestos en la opacidad de la noche. Las máscaras, que son probablemente el *artefacto* más antiguo y poderoso, nos lo están diciendo oscuramente: la esencial duplicidad de la creación artística; la doblez de que hacía gala el primer artista, Dédalo, incluso en su propia conducta.

A este respecto, SQR no es que constituya la clave de la pintura de Juan, que seguramente en pintura no cabe tal cosa ni la pintura la necesita; es sencillamente el lugar donde ella limita con la oscuridad de la noche[5], nunca tan cerrada como para representársela de color negro. ¿De cuál entonces? "De noche –dice un refrán castellano– todos los gatos son pardos", como queriendo decir que a esa hora tan favorable a sus correrías todos son del color de la noche, un color tan impreciso como precisamente el pardo, una oscura mezcla de negro y rojo, con una pizca ocasional de amarillo, el "único" negro verosímil, como ya se encargaron de advertirnos Goya y los impresionistas. Color, pues, de la noche, no es extraño que algunos aún digan al "pardear" en lugar de al "anochecer" en franca y encantadora oposición al "clarear" con que esos mismos se refieren todavía al "amanecer"…

El número VII de la serie SQR es el único pintado de un color convencionalmente pardo, el de la tierra o el de las castañas; el resto se adentra en una gama aún peor definida, aunque prolijamente matizada, como cabía esperar de un pintor tan sensible a los colores, y para mí que tal vez más en estos cuadros nocturnos que en los diurnos. La inclusión de franjas de colores más vivos, azules sobre todo, a la manera de rendijas que se abren en la oscuridad, atisbos del nuevo día, confirma que no se trata de representaciones directas de la noche, lo que sería muy poco congruente en un pintor que alardea de abstracto, sino de tramas interpuestas entre él y la noche, estructuras de geometría muy variable, como son persianas, celosías, cortinas o visillos, por cuyos intersticios vendría a colarse la claridad que avanza al otro lado. A veces de manera regular, como ocurre con las persianas, y otras a la manera de salpicaduras irregulares, cuyo mejor ejemplo es el cuadro número VI de la serie, mi favorito, donde la plena luz del día gotea y forma una especie de collar, un reguero aceitoso con algo también de larga carrera de dientecillos que hace súbitamente plausible aquella magnífica metáfora barroca que muchos encuentran

demasiado artificiosa: "Las perlas de tus dientes…", etc. ¿No habíamos quedado en que la abstracción podía con todo?

La imagen de la persiana, que en ese mismo cuadro resulta evidente y tantos recuerdos de despertares tardíos nos trae a todos, no es con todo la más frecuente en SQR; tampoco la más inquietante. Al fin y al cabo, una persiana bajada nos parece barrera suficiente entre nuestra habitación y el exterior. En cambio no solo encontramos las cortinas muy poco protectoras, y menos aún los visillos, sino algo peor, y es su poca estabilidad, su desasosegante tendencia a moverse. *Abierto*[6], *Inquieto* y *Movedizo* con que Juan ha titulado tres de los cuadros de la serie, son indistintamente atributos de la noche y de ciertos tejidos traslúcidos, como las gasas o las blondas[7], que se emplean para confeccionar visillos, cuyo solo nombre ya tendría que darnos que pensar.

Le ocurrió a Walter Benjamin en un estado de conciencia alterada cuyo relato se encuentra ahora en "Über Haschisch", donde dice del ornamento cosas que bien podrían decirse de la pintura de Juan, y sobre todo, que se trata de algo entretejido, hecho de hilos que se cruzan. La pintura de Juan es visible y característicamente de naturaleza textil. Él mismo nos lo ha hecho saber a través de algunos de los títulos de sus cuadros: una serie de términos que estarían definiendo el campo semántico del tejido, como *red*, *nudos*, *lazos*, *atar*, *hilar*…, sin olvidar que en uno se hace expresa mención del madrás, un tejido de cuadros irregulares y colores casi siempre muy vistosos que la pintura de Juan recrea graciosa e insistentemente.

Desde luego, no es este el lugar para dar cuenta de los infinitos aspectos, unos técnicos, otros legendarios y otros metafóricos, de un arte tan antiguo y prestigioso, "le métier de Zeus" como lo han llamado John Scheid y Jesper Svenbro en un libro sobre las representaciones que los antiguos griegos y romanos se hicieron de lo que constituye una poderosa y fértil metáfora de las vidas, creencias y costumbres de los seres humanos. Baste aquí, para regresar a donde estábamos –entre dos luces– con recordar aquel notorio tejer y destejer de Penélope, la equívoca promesa de algo que podría haberse convertido tanto en su traje nupcial como en el sudario de Laertes… ¡Cuán tremendo el poder de evocación del acto del tejer! Juan no puede haberlo dado de lado mientras iba tramando casi a tientas los hilos de su propia vida, unos más claros y otros más oscuros, aunque todos enredados por el sueño[8]. Juan no ha sido muy explícito respecto al papel del sueño en su trabajo nocturno. La presencia de la palabra "soñé" en el título genérico de la serie no dice mucho; solo que el artista *tuvo un sueño* donde se habia visto "revelando", sin que tampoco se nos diga qué en concreto. Que el propio Juan haya insinuado alguna vez que el título remite a su primera experiencia como fotógrafo[9] no quita para que ese verbo, revelar, haga valer su sentido principal: el de poner al descubierto algo que había permanecido oculto; y por ejemplo, todo lo que había en la habitación a oscuras de la abstracción. ¿Acaso fue en sueños como se le ocurrió esa imagen, o fue así como regresó el recuerdo del *reparto* entre claridad y oscuridad en que consiste el revelado fotográfico?

Que los sueños son conglomerados de recuerdos lo sabemos, mucho antes de que Freud se pusiera a interpretarlos caprichosamente[10], gracias a Hervey de Saint-Denys, que los llamaba *clichés-souvenirs* y arruinó la creencia de que las cosas deslumbrantes que a veces vemos en sueños no proceden de lo que tenemos visto, como el insistía, sino *ex nihilo*, o incluso de una misteriosa e improbable "necesidad interior", como creía Kandinsky y le llevó de cabeza a la abstracción. Me reconforta saber que, muy por el contrario, Juan Uslé reconoce que sus cuadros tienen un soporte autobiográfico, como precisamente los sueños. ¿Qué hay de ellos en SQR? La noche es larga y el sueño no deja de acechar al que espera la llegada del día, su claridad casi tan alucinatoria como tantos sueños, y sobre todo la de los primeros en llegar en forma de alucinaciones hipnagógicas. Saint-Denys, que fue uno de los primeros en prestarles atención, nos ha dejado una preciosa descripción de las que formaban "unos delgados hilos de oro, de plata, de color púrpura y verde esmeralda, que parecen entrecruzarse o enrollarse simétricamente de mil maneras con un continuo estremecimiento…" No me sorprende que coincida con una visión que tuvo Théophile Gautier bajo los efectos del hachís: "Las pestañas de mis ojos se alargaban indefinidamente, enrollándose como hilos de oro en pequeños carretes de marfil que giraban por sí solos a una velocidad deslumbrante".

Todo lo que concierne a la acción de tejer tiene mucho de alucinatorio; o dicho al revés: las alucinaciones que preceden al sueño profundo tienen mucho de textil. ¿Qué es en realidad lo que hacía Juan en aquellas noches que intermitentemente dedicaba al enorme proyecto de esta serie: pintar, dormir, tal vez soñar? Una fuerte tradición española que hunde sus raíces en *La vida es sueño* de Calderón de la Barca y que José Bergamín ha reactivado en tiempos recientes propone una acepción de sueño que en efecto no se distingue de la vida, toda ella sueño de cabo a rabo. Walter Benjamin que conocía y admiraba a Calderón, acabaría poniendo todo su empeño en una "técnica del despertar" que en su caso dio paso a otro sueño no mucho más feliz. En cuanto a Juan, nada me atrevo yo a concluir, aunque tonto sería si no aprovechara esta ocasión que se me brinda para reclamar aquí en su nombre aquellas madejas multicolores y brillantes que describieron Saint-Denys y Gautier. De ellas –¿y de qué si no?– me figuro yo que deben estar tejidos sus cuadros diurnos[11]. Pero entonces, ¿de qué estarían hechos los nocturnos?

Juan le dijo una vez a Cristina Giménez que de los latidos de su cuerpo, audibles de pronto en el silencio de la noche. Penélope los escucharía al galope mientras tejía y destejía aquella tela de incierto destino. Bajo el nombre de pulsación concierne tanto a los trabajos de trenzado, empezando por el más elemental de las redes, como a la manipulación de instrumentos de cuerda. Tejer tiene mucho de musical, y el pulso algo de canturreo, o exactamente algo de cantinela, que en plena noche probablemete tenga por objeto curarnos de espanto, aunque los terrores nocturnos no pasen de ser un caso extremo de *horror vacui*. Vacía de sonidos y colores, la noche, que no es en principio sino "lo abierto" por excelencia, "lo disponible" en su más alto grado, mueve al trabajo, y ninguno seguramente tan exigente e invasivo como aquel nervioso de Penélope. Quizás también un poco el de dibujar, que al fin y al cabo consiste en cruzar líneas, como quien cruza hilos o cuerdas. Durante siglos el dibujo fue una tarea nocturna, aunque no solo por mediar entre la oscuridad y la claridad, en gestionar las sombras, sino además por haber casi siempre en el dibujo algo que pertence al sueño, que incluso procede de él. Dormir; soñar; tal vez dibujar… Nada como el trabajo del lápiz, el exhaustivo cruzarse y entrecruzarse de sus trazos, para lograr un efecto de sedosa oscuridad.

En el recorrido de la oscuridad a la claridad que SQR constituye latido tras latido[12], trazo a trazo,

acortando de aquí y alargando de allá, basta
lógicamente con ir aflojando, modulando como
quien dice. La cantinela se torna así canción, como
nos ocurre al escuchar el traqueteo nocturno de los
trenes, que al mismo tiempo se despide de la noche
y saluda al día. Podéis leerla en los labios del artista
cuando da por hecho el trabajo y se va a la cama.
Mañana será otro día; no cabe duda.

Y es que la pintura de Juan, saturada de sus colores,
se hace como es lógico de día en día. Casi lo más
intrigante y desde luego lo más elocuente de los
cuadros que forman SQR es que han sido pintados
muy de vez en cuando: cuarenta que yo conozca en
el plazo de diez años, aunque ignoro si con alguna
periodicidad, y por ejemplo si uno por cada estación
del año. Alterar unos con otros hubiera resultado
pretencioso, abrumadoramente doctrinal. Juan no ha
pintado ninguno para explicar o justificar nada, ni
siquiera los enormes poderes de la abstracción. Con
esa cadencia espaciada, que tanto me recuerda la de
las fiestas a lo largo del año, SQR tiene mucho más
de rito que de experimento; pues ciertamente celebra
la noche como un rico acontecimiento plástico,
pero a la manera de una iniciación periódica en
sus misterios, que son a su vez —y no sé si quizás
propiamente— los del sueño; a la manera de un
himno.

Calificar los cuadros de esta serie de Juan de
himnos a la noche probablemente suene un poco
exagerado aquí en la patria de Novalis, a cosa traída
por los pelos. Vamos a dejarlo, pues, en plegarias
susurradas, como aquellas que para vencer el sueño
recomendaba la notable costumbre católica de la
"adoración nocturna", lo más parecido que nos
queda de la antigua costumbre de la "incubación", el
sueño terapéutico que se practicaba en los santuarios
dedicados a Asclepio. Pero sigo exagerando; así que
finalmente voy a dejarlo en esas cancioncillas, en
realidad solo algunos retazos de ellas, con que de
vuelta a casa los amigos de la noche, ya un poco
achispados, se esfuerzan por colmar y calmar su
terrible vacío[13]. Canciones que son conjuros, como
aquella desesperada e inolvidable de Papageno:
"¡Buenas noches, mundo engañador! ¡Buenas
noches!".

Notas

1) Ni geométrica ni gestual, la abstracción que experimenta
Juan Uslé podría definirse como *sensitiva*, casi en el mismo
sentido que se dice de algunas plantas particularmente
receptivas a los estímulos externos. Más aún, y como
conclusión anticipada: sus cuadros constituyen vínculos
sensibles entre la inestable y a su vez gozosa experiencia
del "mundo exterior" y las agrupaciones de recuerdos
desperdigados en que consisten los sueños, lo único
de todo ello que Kandinsky hubiera reconocido como
perteneciente a cierta experiencia de un incierto "mundo
interior". Véanse las interesantes conjeturas que Kandinsky
precisamente hizo, en un apéndice a la versión rusa de sus
Rückblicke de 1918, a propósito de extrañas cosas vistas en
sueños o en algún acceso de fiebre.

2) De todo lo que Kandinsky argumentó a favor de la
abstracción, papilla ocultista en su mayoría, y me escandaliza
que se siga publicando *Über das Geistige in der Kunst*,
solo me quedo con aquella historieta, que parece salida
de *La leyenda dorada* de Jacobo de Vorágine, según la
cual a Kandinsky le habían sido revelados los encantos
superiores de la abstracción mediante un rayo de sol llegado
providencialmente de lo alto, donde por lo sucedido esa
clase de arte sería la preferida. Todo lo cual me escama
vivamente, máxime cuando, a juzgar por la mayoría de las
imágenes sagradas más milagreras, el gusto de la corte
celestial en materia de arte resulta tan decepcionante.
En cuanto a Greenberg, por fortuna cada vez más olvidado,
a duras penas podrían constituir una teoría sus jeremiadas
sobre la bidimensionalidad. Mala cosa parece hacerse ideas
sobre arte, pero pésima *una fija*.

3) Salvo este *dictum* inexcusable, y contrariando mi fuerte
tendencia a buscar y rebuscar en los escritos de los propios
artistas, he procurado evitar aquí lo que al fin y al cabo no dejan
de ser instrucciones que ellos nos hacen llegar *sotto voce*. Con
harto dolor de mi corazón he tenido, pues, que dejar de lado lo
que Juan escribió sobre Velázquez, así como un texto del año
2006, cuyo título no puede ser más prometedor: "Le soleil est
un voleur: il seduit la mer". En cambio me he tomado más en
serio que nunca los títulos de sus cuadros, tan sugestivos, a
diferencia de esos pintores geometrizantes o gestuales, que a
menudo los titulan *Number One* o *N° 158*, y ya en un alarde de
sinceridad *Sin título*…
Los títulos "literarios" por llamarlos de algún modo, son una
forma de cortesía por parte de quienes practican la abstracción,
incluso una tan severamente geométrica como el Frank Stella de
la primera época, cuyo *Dominguín* me gustaría bastante menos
si careciera de título.

4) La figura del interruptor, como decimos en castellano, y me
pregunto si en recuerdo de una época de penuria en la que
apagar la luz era más acuciante que encenderla, conviene
perfectamente a la serie de cuadros nocturnos que constituyen
SQR. De manera que la habitación a oscuras de la abstracción
no sería probablemente sino el estudio del pintor, que vuelve
allí de noche para comprobar que dentro, todo sigue siendo
posible, a esa hora no menos que de día. ¿Qué clase de estudio
sería uno en el que no todo fuera posible a cualquier hora?

5) En un cierto sentido la noche sería la metáfora de aquella
oscuridad que originalmente reinaba en "la habitación de la
abstracción" que todo lo contenía en potencia. En realidad,
SQR constituye *de facto* la demostración casi exhaustiva de
esos poderes.

6) Tengo la sospecha de que este adjetivo, *abierto*, declina
—o resume— todo el trabajo de Juan, que sería precisamente
un "trabajo de lo abierto". Que la noche lo sea, a pesar de
la absurda perversión que a veces la califica de "cerrada",
asegura el encanto de un aviso maravilloso: "ABIERTO
TODA LA NOCHE", que le va como anillo al dedo a SQR en
su conjunto. Y ahora que caigo: es posible que la noche no
esté tan abierta como cuando les parece cerrada a quienes
no la frecuentan.

7) Y gasas y cendales, y hasta arpilleras… María Vela Zanetti,
que tanto sabe de tejidos, me indica sagazmente, pues
sin duda se asemeja más que ningún otro a los cuadros
nocturnos de Juan, uno singularísimo que se utiliza a modo
de emparrado y se conoce por el felicísimo nombre de
"tela de sombra".

8) ¡En mala hora se le ocurrió a Juan titular *Rizomas* un cuadro
de 1997! Los críticos de arte, enfermos muchos de ellos
—demasiados— de filosofía francesa contemporánea,
han visto abiertos los cielos de su pintura. ¡Ay, "la cosa"
rizomática…! Para quienes disfrutamos de un jardín
un rizoma es algo mucho más sencillo y también más
prodigioso. Puestos sin embargo a endosarle a la pintura
de Juan algo de la jerga filosófica francesa que estuvo
de moda en su juventud, se me ocurre otra palabra de
raigambre vegetal: ¡*diseminación*! Una operación que Juan
Uslé logra, sin meterse en garabatos teoréticos, mediante el
uso de un "medio dispersante", o "dispersión" a secas, habitual
en muchos de sus cuadros, y quizás con mayor evidencia en
los cuadros de la serie SQR, donde la dispersión de los
pigmentos aplicados por él a base de toques muy breves es
la causa de su aspecto final de cosa delicadamente tejida.

9) Algunos cuadros de la serie SQR recuerdan en efecto rollos
de película extendidos, y el número 5 en concreto como
si colgaran de la cuerda dentro del laboratorio; aunque no
quisiera insistir en esta explicación naturalista. Obviamente,
el laboratorio fotográfico es a su vez una estupenda
metáfora de la omnipotente oscuridad reclamada para la
abstracción. Todo en efecto parece posible en la cubeta
de revelado, flotando en un líquido que no encuentro muy
diferente del que arrastra y aglutina por un instante los
sueños, cuya fluidez resulta proverbial. Soñé que soñaba…
El estrafalario montaje de los cuadros de Juan que campaba
en la portada de la exposición *Nudos y rizomas* de 2010
solo puede explicarse si de esa manera se los quería
comparar con fotografías recién reveladas, húmedas todavía
y puestas a secar.

10) No sé lo que un psicoanalista podría deducir de un cuadro
como *Dirty Dream*… La verdad es que ni lo sé ni me
importa. Como decía Nabokov, la escuela de Viena no está
invitada, y todavía menos, muchísimo menos, el triste Dr.
Rorschach. Lo único claro es que, además de *dirty*,

o precisamente por esto, fue un sueño de lo más alegre,
divertidísimo.

11) Los colores de los cuadros de Juan, encendidos y brillantes
con un no sé qué de vítreos, de esmaltados, recuerdan los
de los azulejos morunos aunque también los de la porcelana
procedente de las distintas Compañías de Indias. Su gusto
por la combinación de azules y naranjas me lo sugiere
inmediatamente.

12) *Travesía*, se titula uno de los cuadros de la serie SQR; y
otro —¿qué pasó aquella noche?— *Galope*. La noche como
paseo que el sueño acelera y precipita… Algún título más:
El despertar, casi obligado. Y este otro formidable, el mejor
de todos: *Plomo y luz*, que yo entiendo como un presagio
del tiempo que hará a la mañana siguiente: plomizo,
precisamente una combinación de plomo y luz.
Serenos, se llamaba en España a los funcionarios
municipales que hacían la ronda de noche, pues a menudo
anunciaban "tiempo sereno". Albert Marquet, que en París
se levantaba muy temprano para encontrarse demasiado
a menudo con un tiempo deprimente, a veces completaba
los títulos de sus "vistas" de la ciudad desde la ventana del
estudio con anotaciones propias de un parte meteorológico
mañanero: "tiempo gris", "tiempo claro", "bruma y nieve"…

13) Juan declaró por escrito en 2007 que uno de sus cuadros
favoritos era *La ronda de noche* de Rembrandt, cuya
cualidad más llamativa no es tanto la que deriva de esa hora,
propensa a hacer el payaso por las calles con el pretexto
de volverlas seguras, como las grandes dimensiones del
cuadro, tan cabedizo, que cualquier cosa podría haber
entrado en él, todo lo imaginable, hasta el último mono del
vecindario.
A Rembrandt le bastó con pulsar el interruptor. Claro
que Juan bien podría haberse sentido como alguien
que permanece despierto mientras los demás duermen.
Guardián de la noche, el artista vigila. En realidad, lo hace
a cualquier hora, incluso cuando le vence el sueño. Y a
la puerta de su estudio, un cartel como el que dicen que
Jean-Paul Roux colgaba mientras dormía: "EL ARTISTA
TRABAJA"… Guardián de los sueños.

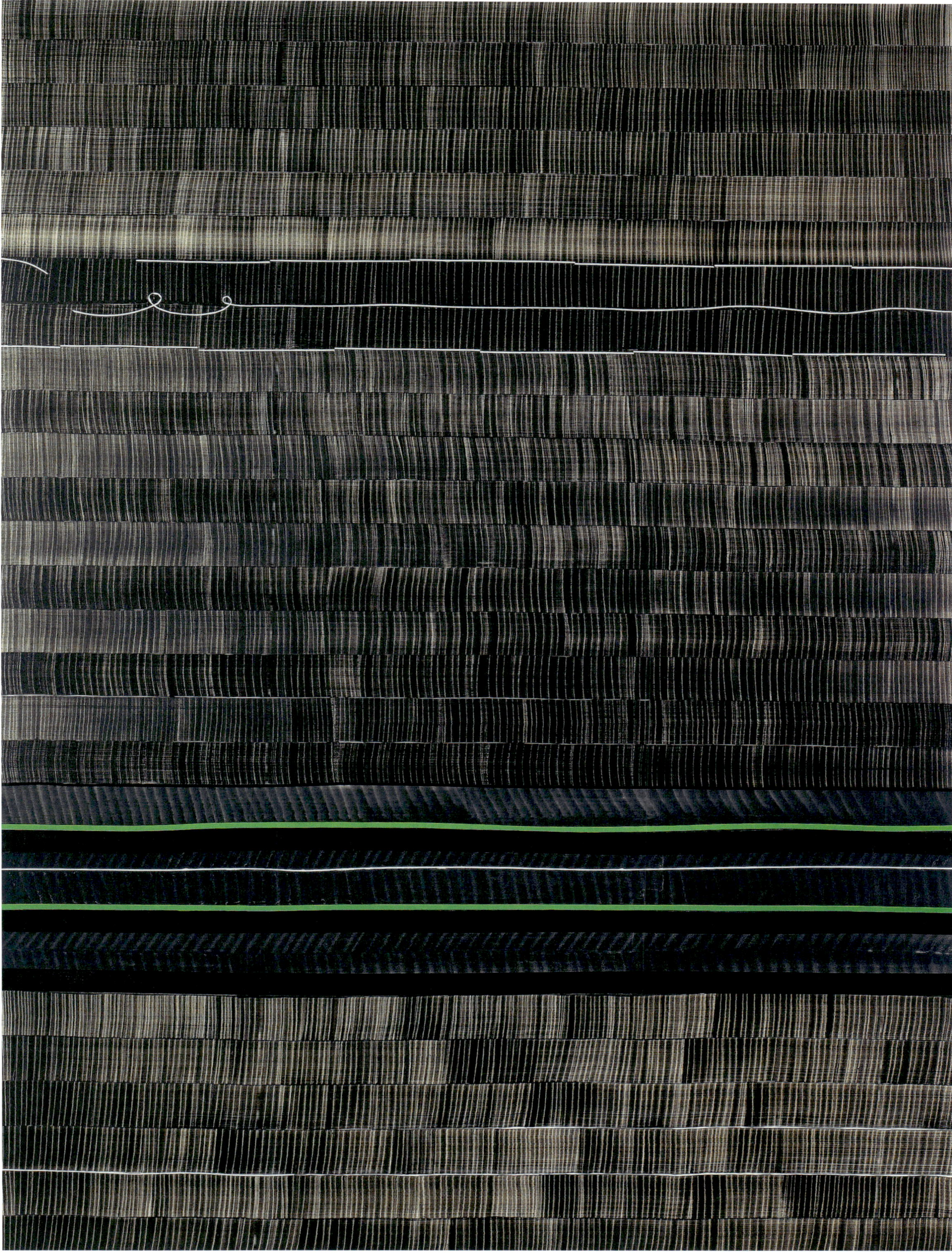

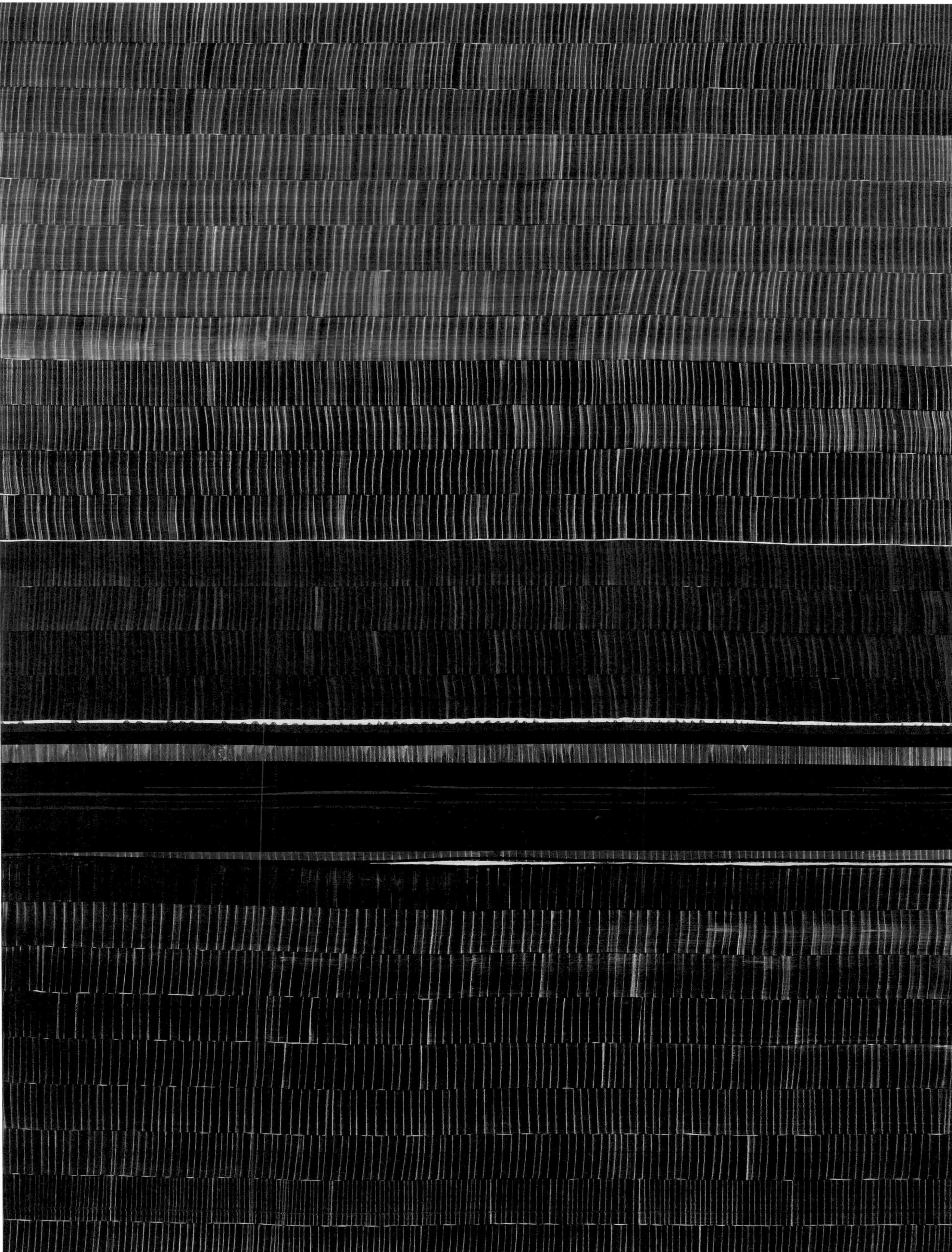

Soñé que revelabas (Onon), 2008
Collection Soledad Lorenzo, Madrid, Spain

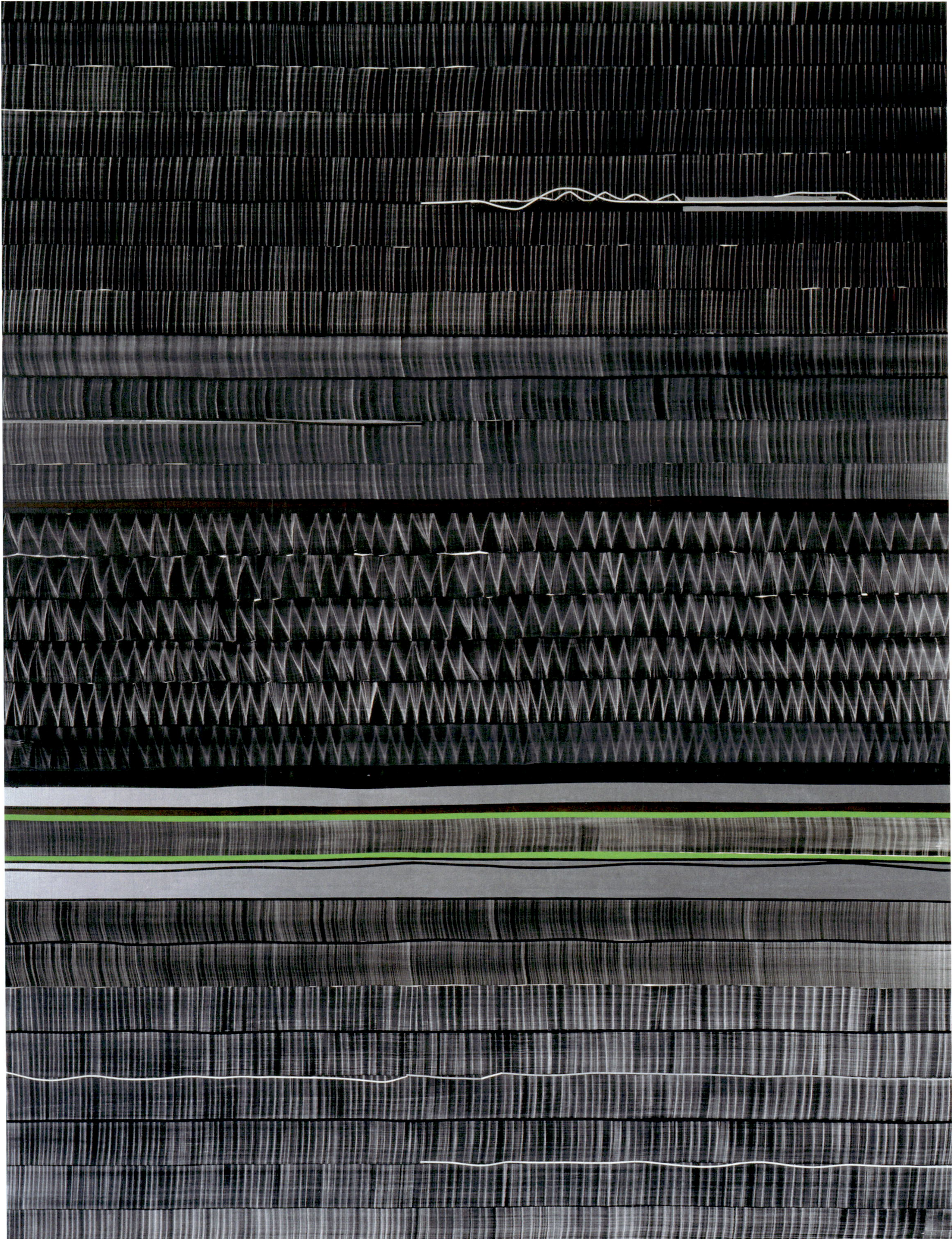

Soñé que revelabas (Ural), 2009
Private Collection, Baierbrunn, Germany

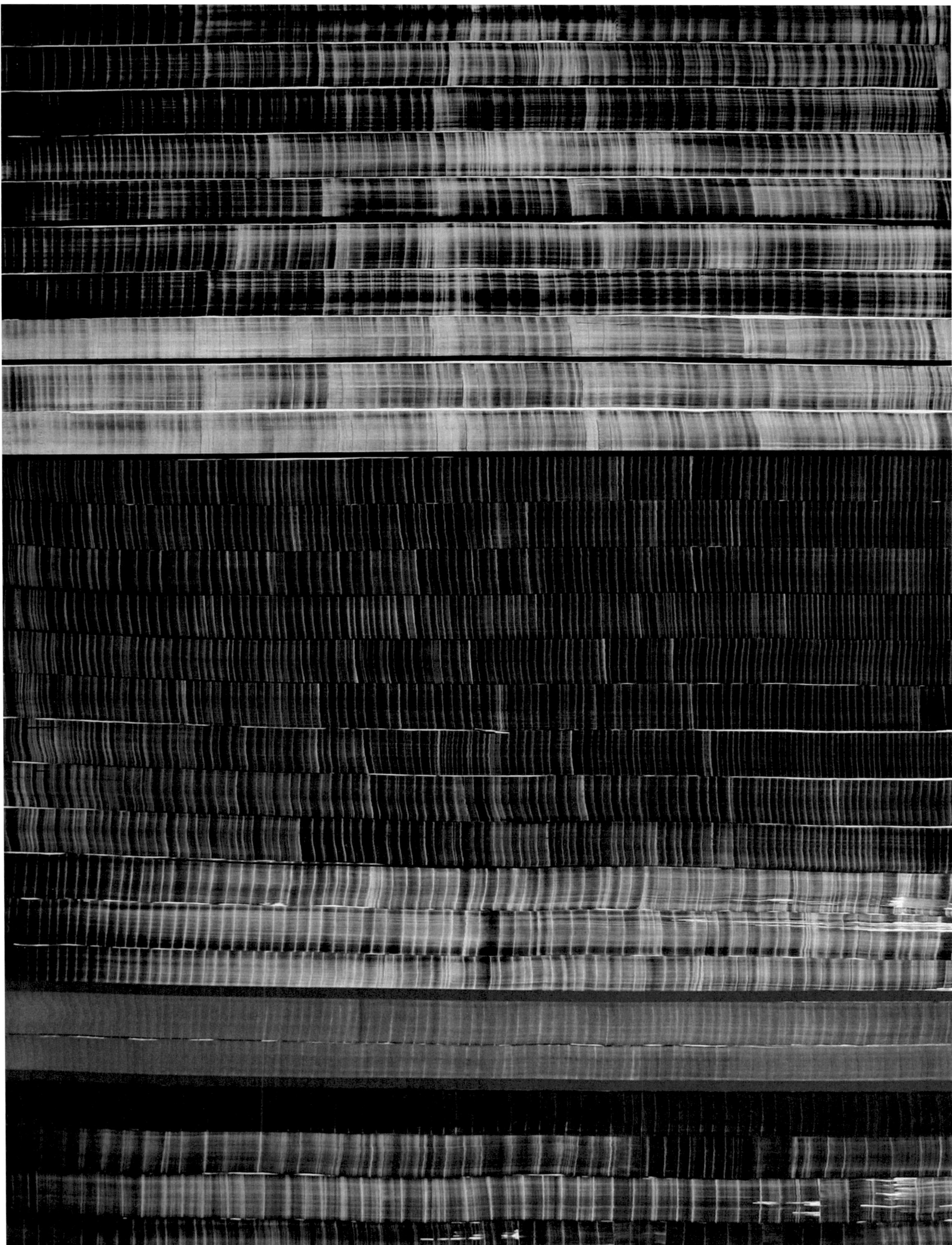

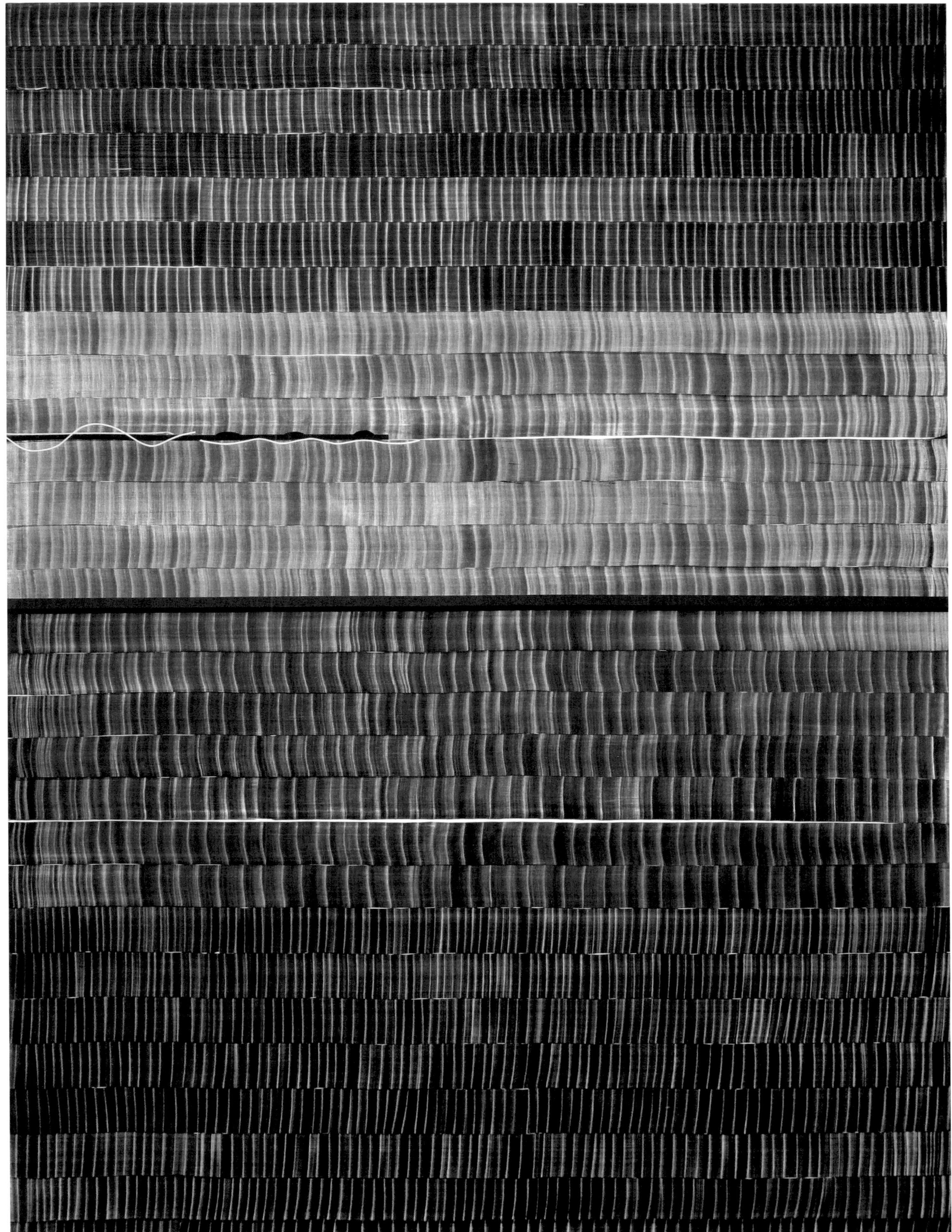

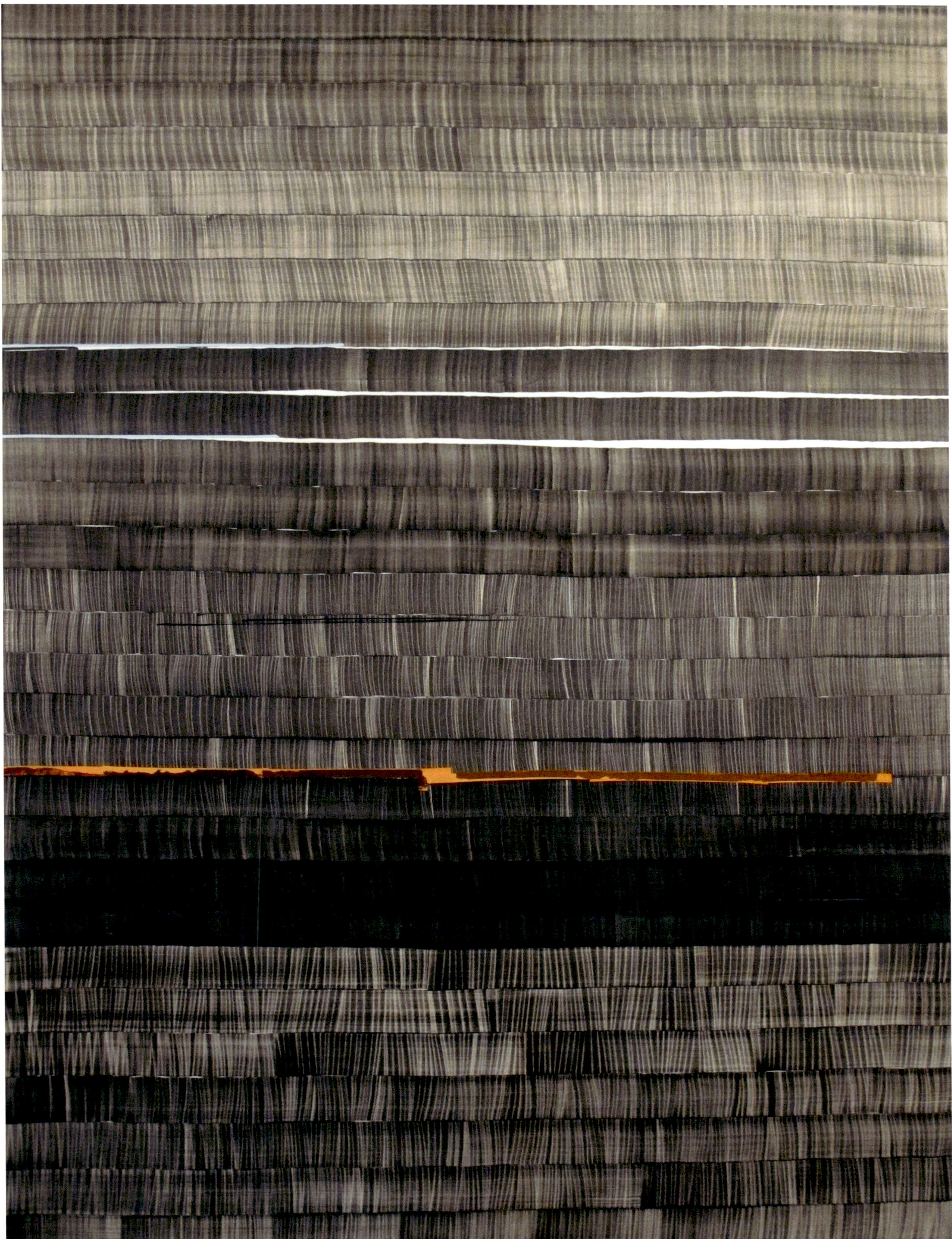

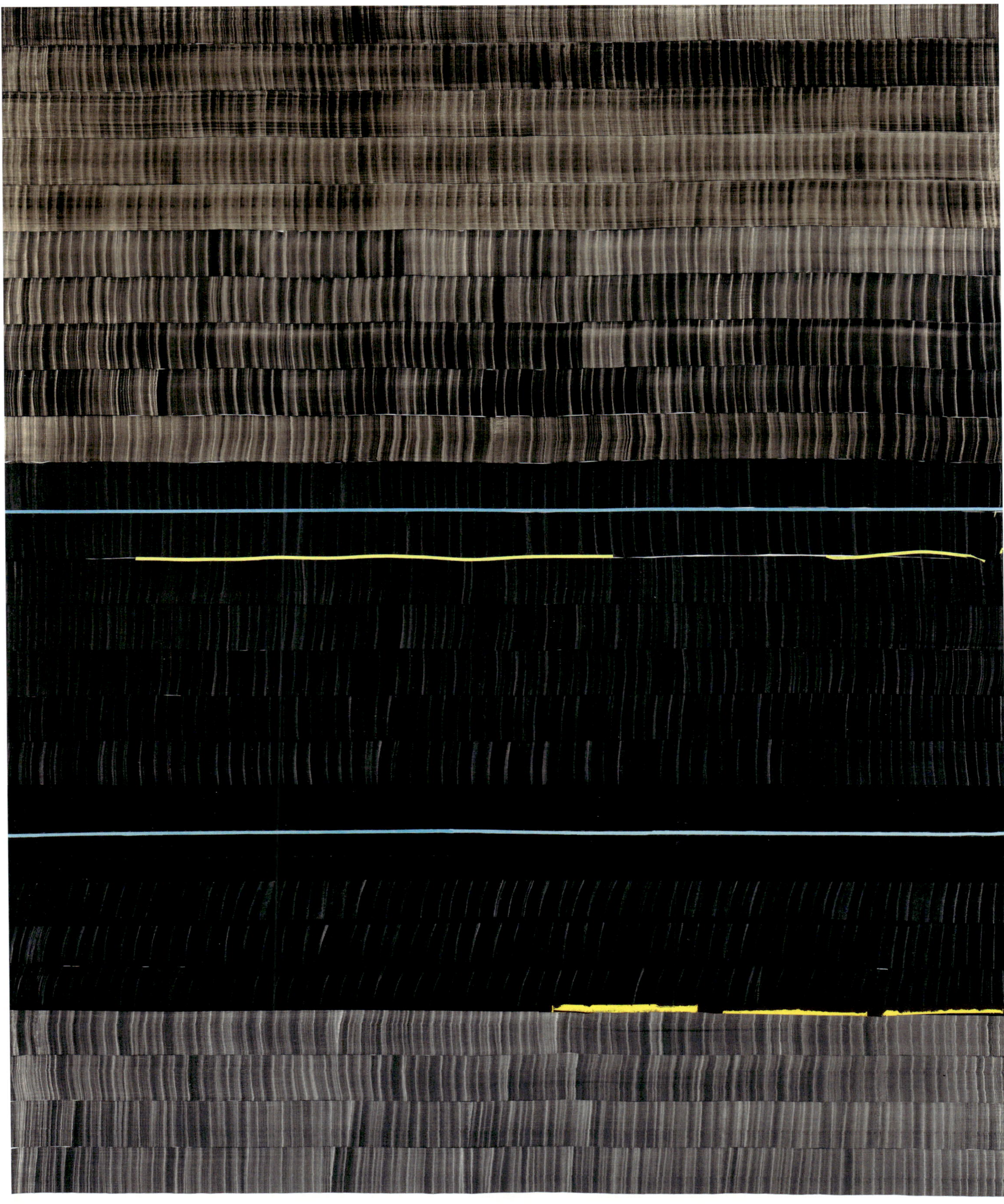

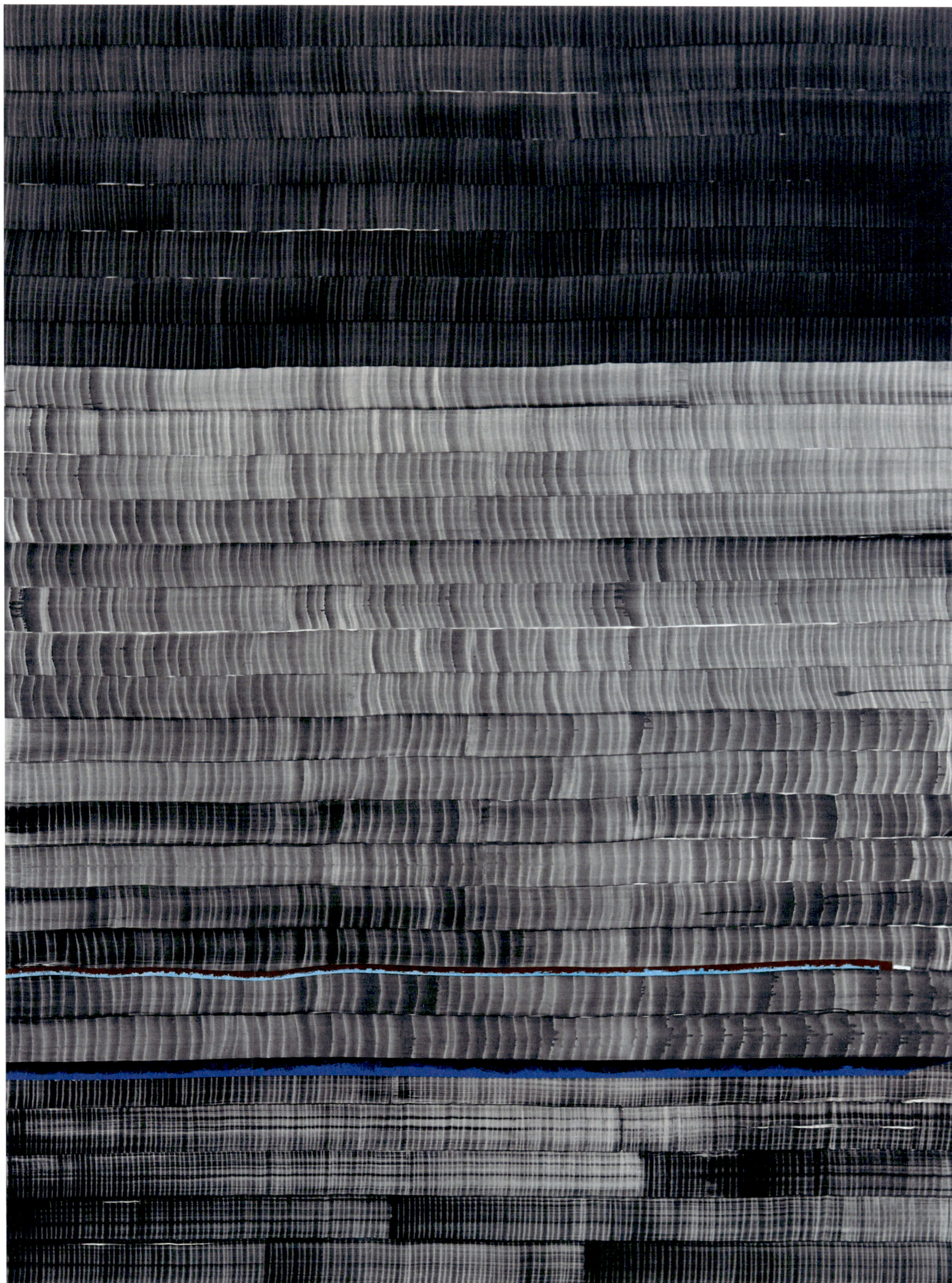

Soñé que revelabas (Saja), 2012
Collection Soledad Lorenzo, Madrid, Spain

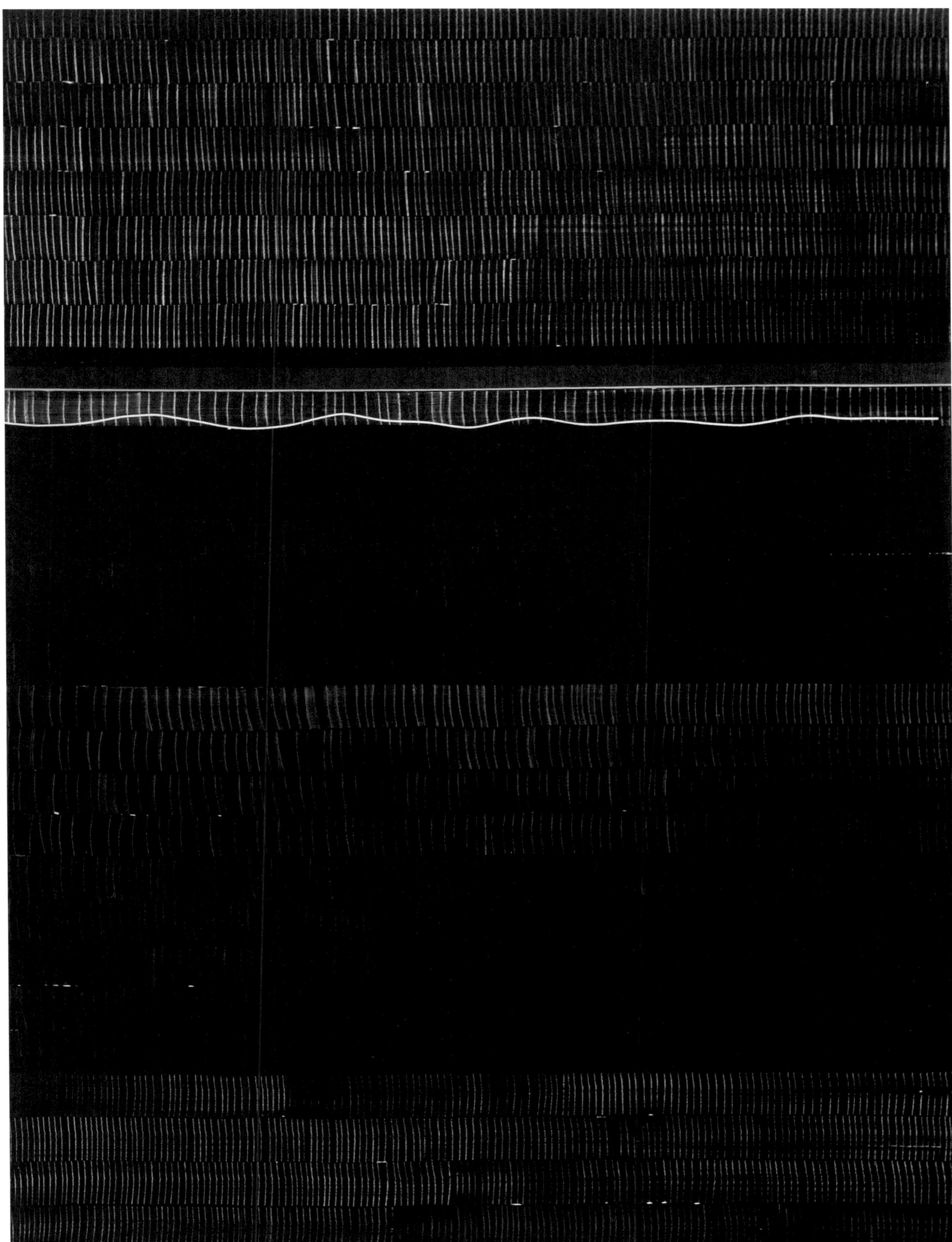

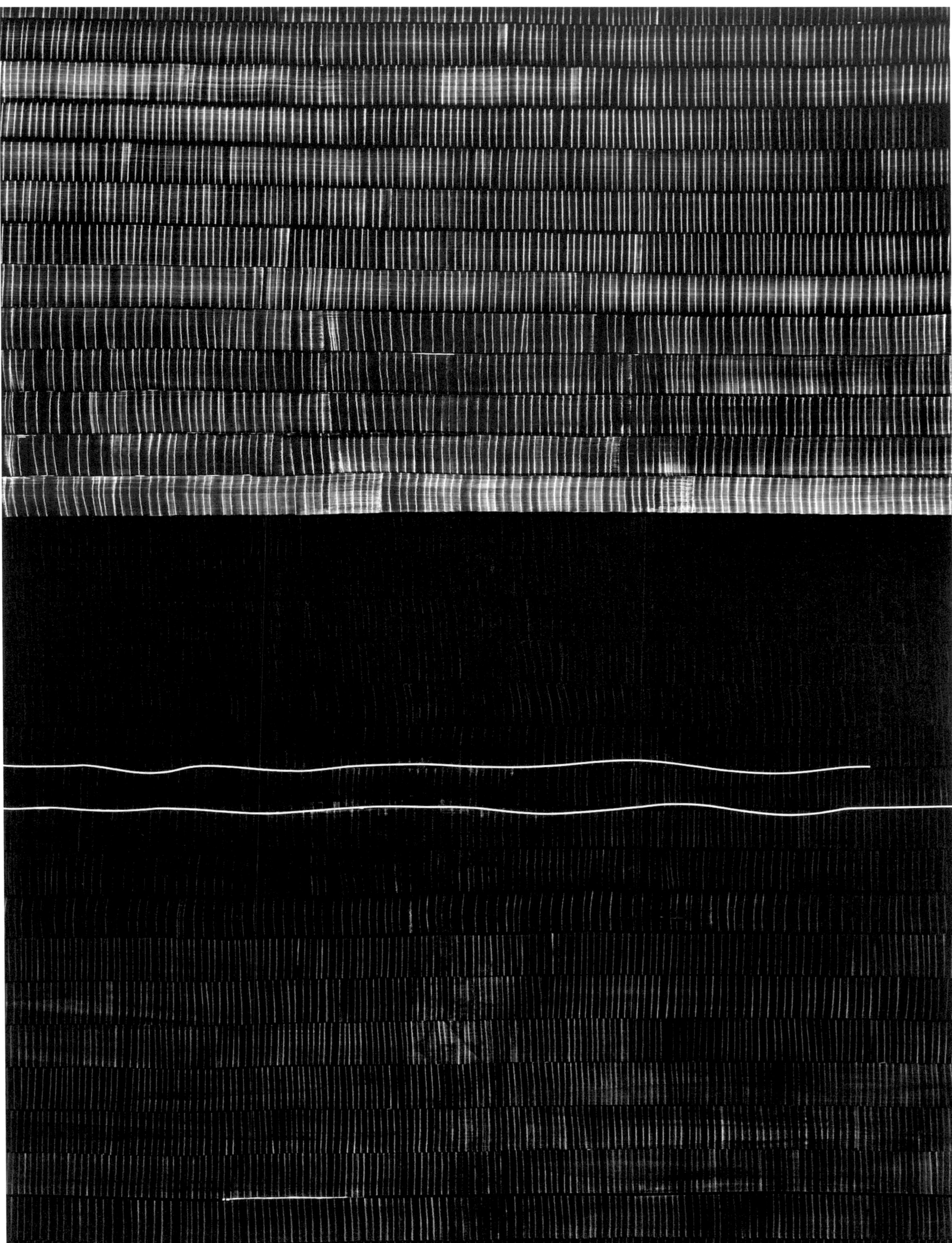

Soñé que revelabas (Yukon), 2012
Private Collection; Courtesy Galerie Lelong, Paris, France and New York, USA

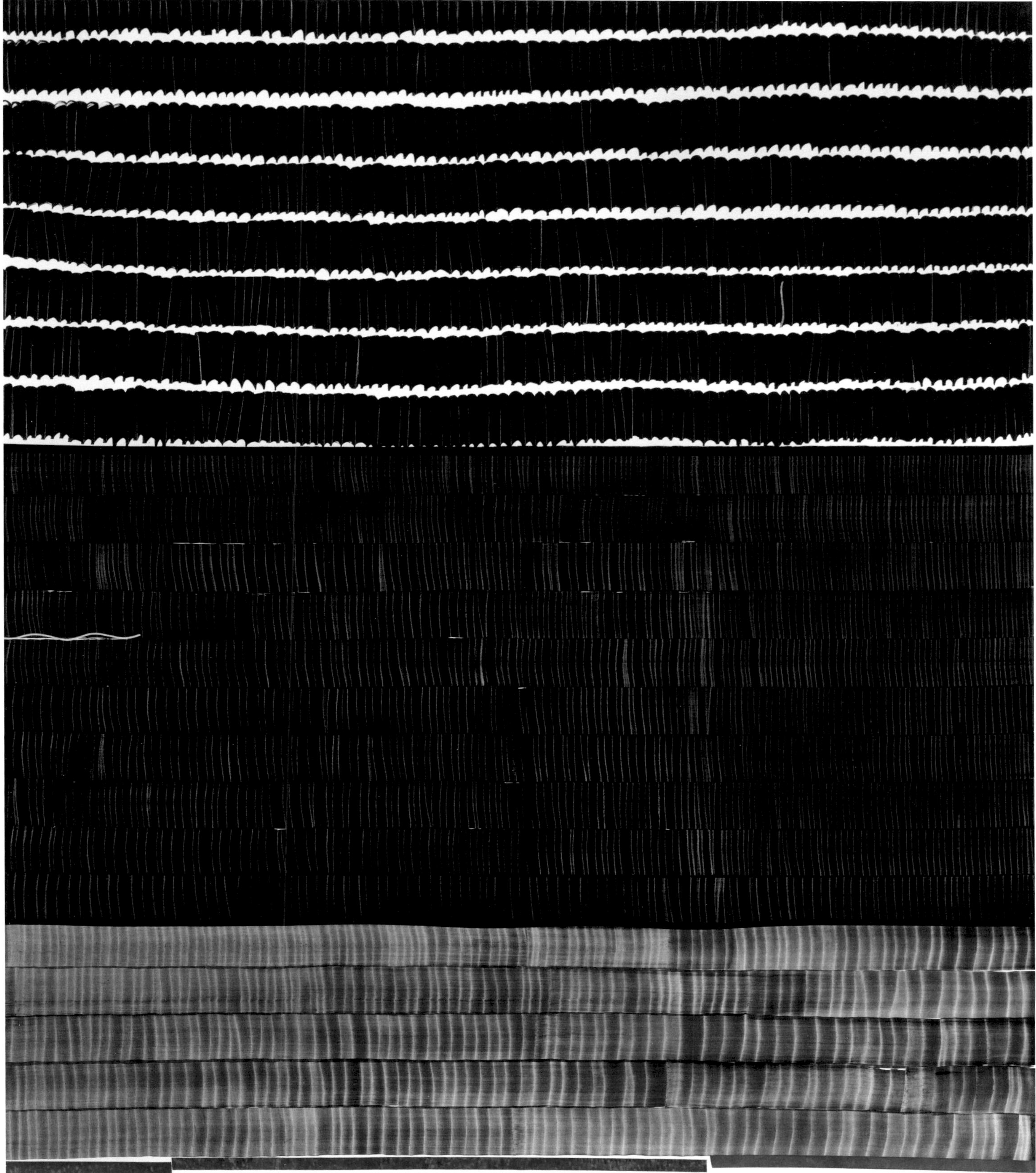

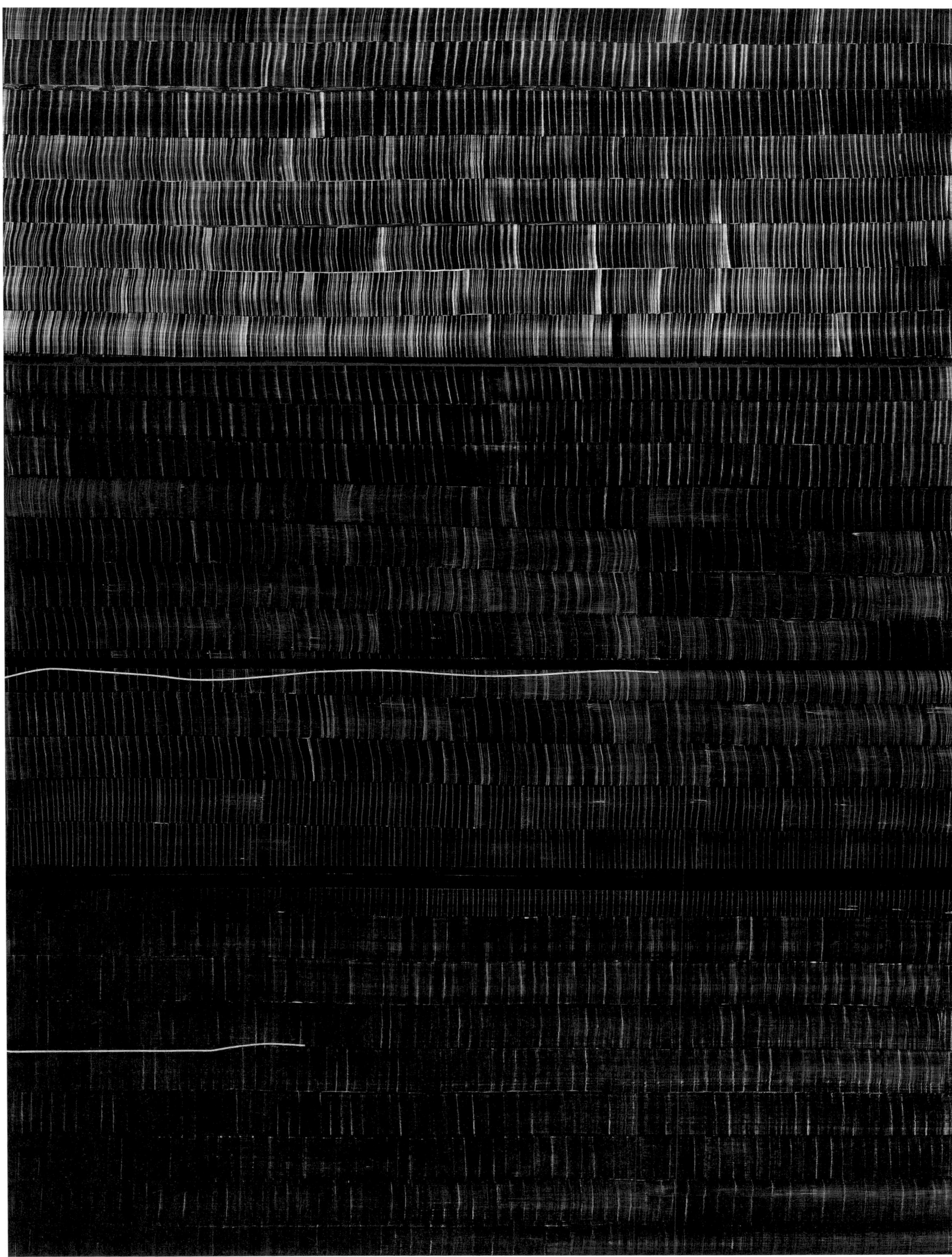

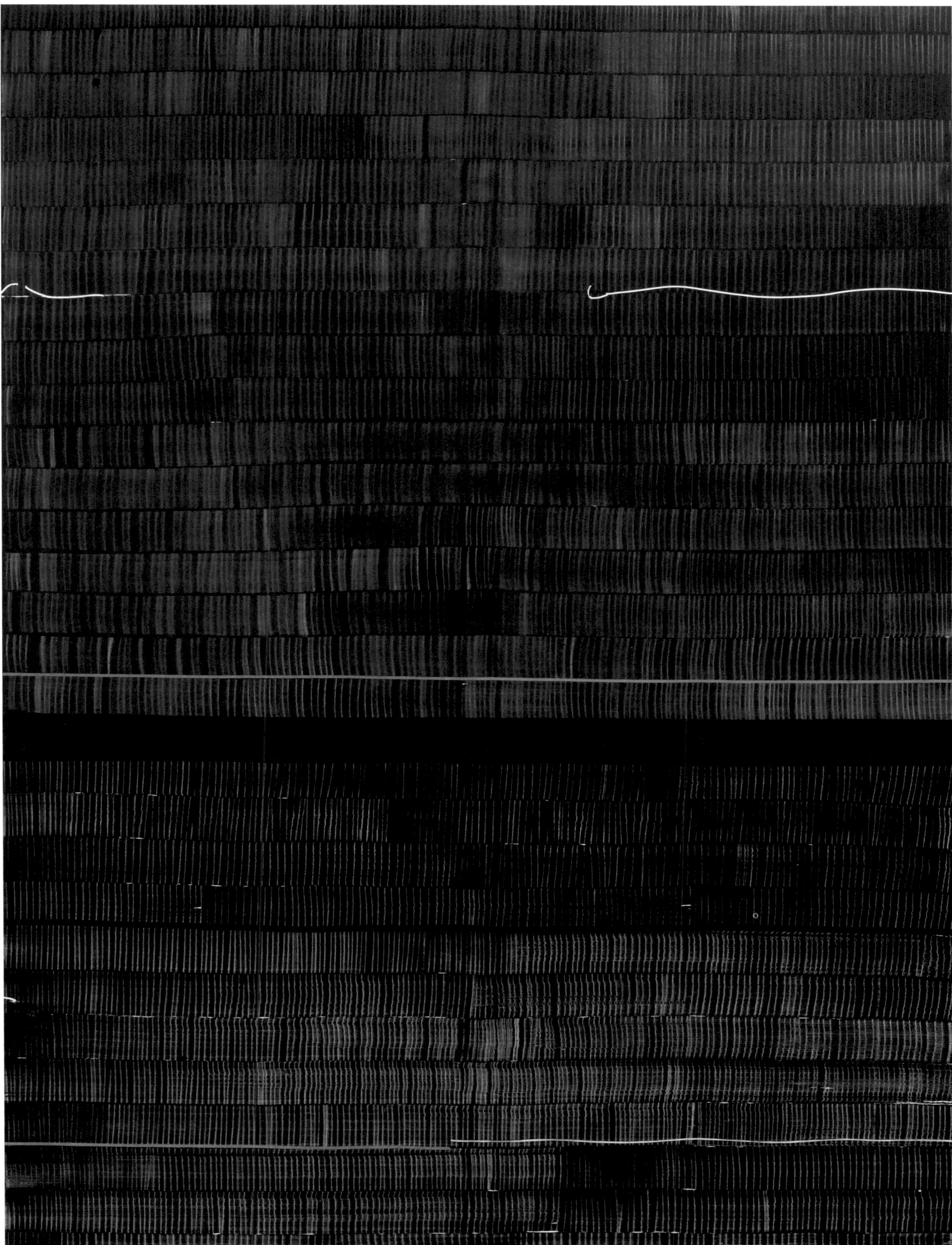

Soñé que revelabas (Mississippi), 2013
Courtesy Galleria Alfonso Artiaco, Naples, Italy

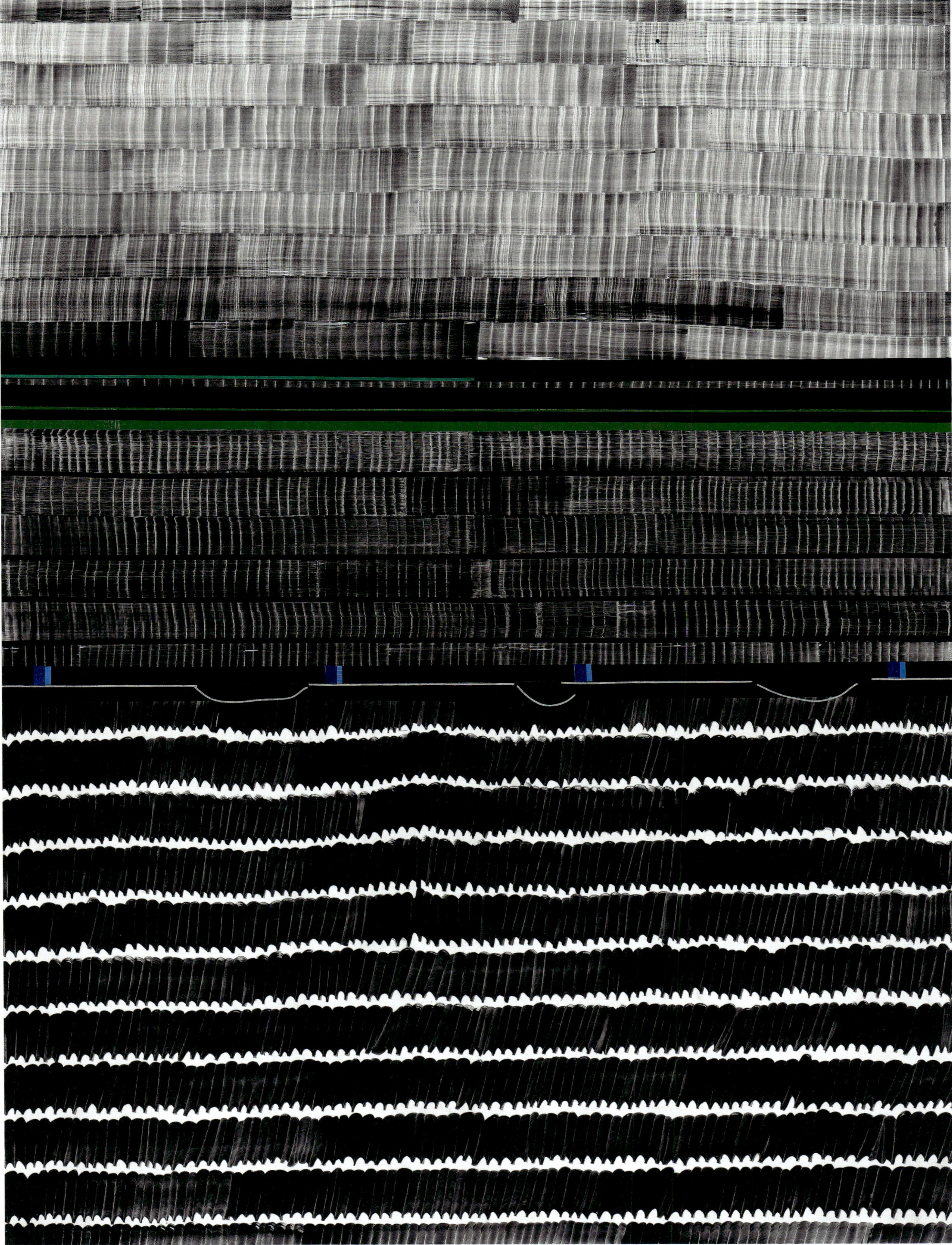

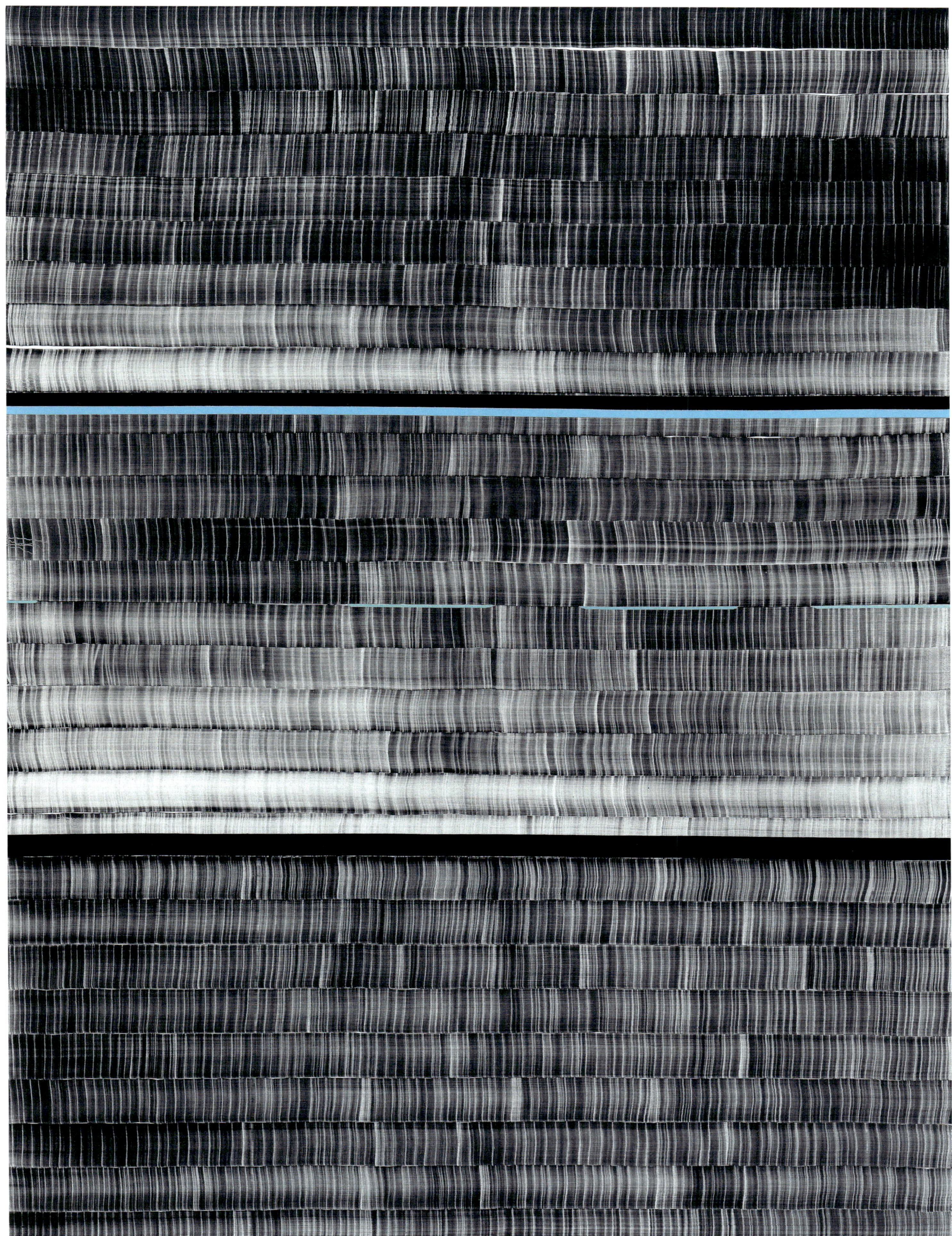

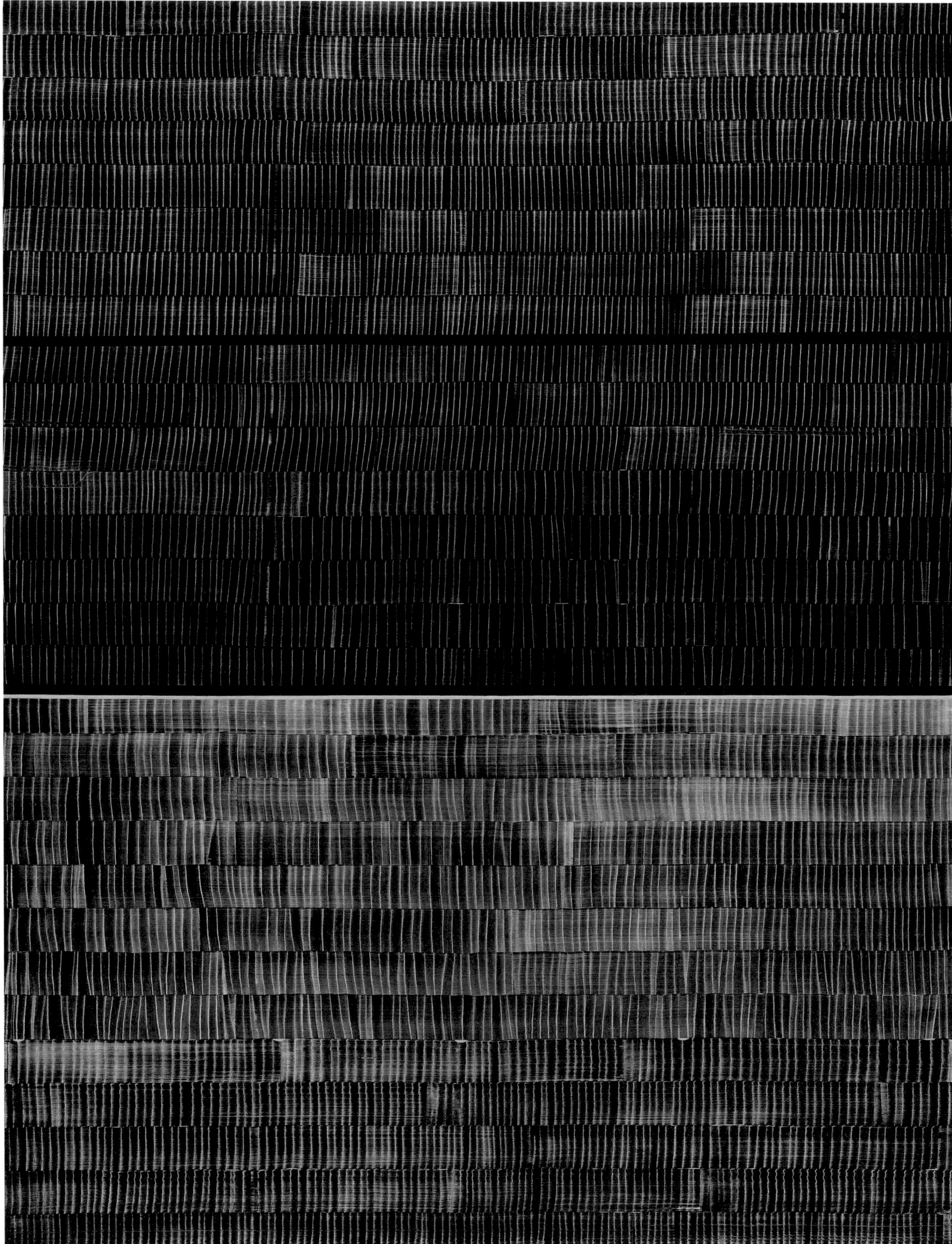

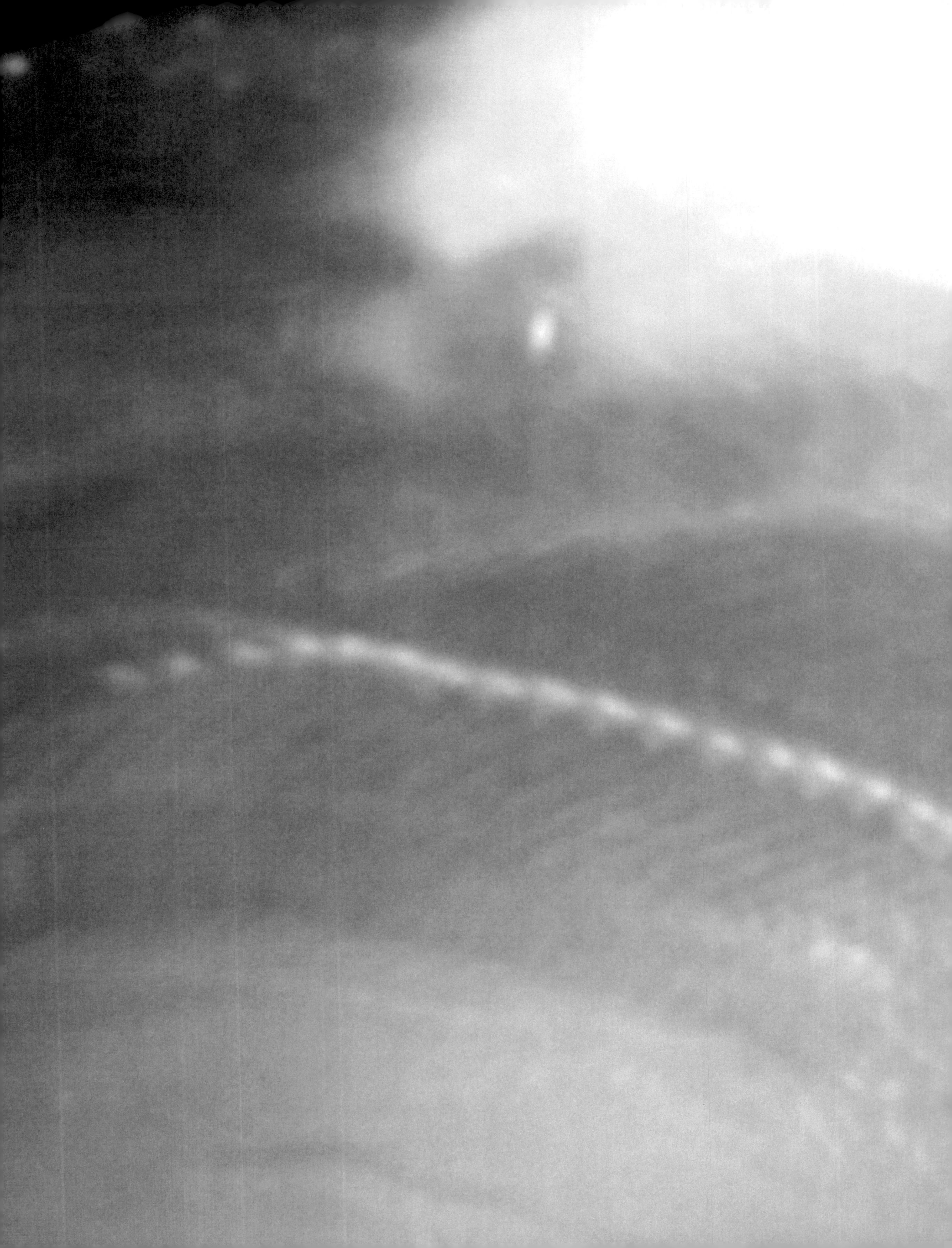

Stephan Berg

THE DARK LIGHT

The eye is the brain, Juan Uslé has Captain Nemo say in his interpretation of Jules Verne's *Twenty Thousand Leagues Under the Sea*, suggesting a congruence of vision and thought, of perception and reflection, that is as ideal as it is paradoxical. For Captain Nemo, their equivalence is not just compelling but vital as well: as the commander of a submarine, he is existentially dependent on his eye and its periscopic extension and expansion into the outside world—without it, he would have not the faintest idea of what is going on around him.

Until the late 1980s, the novelistic character acts as a guiding figure in Juan Uslé's art and even, after a fashion, as the Spanish painter's alter ego. So Nemo not only makes appearances in the titles of Uslé's works; as a metaphor of reflection on the artist's own relation to the world, he also becomes an explicit subject in the paintings. The periscope-like implement with a circular eye breaching the dark surface of the water beneath a murky sky in Julio Verne (61 × 122 cm / 24 × 48 in), a painting created in 1990, is thus not merely a reference to the elemental significance of the sense of vision in his art. It also spells out the loneliness of the see-farer: trapped in his floating submerged iron capsule, he would be utterly disconnected from the world were it not for his instrument. And as Uslé notes in an essay, its mirror not only shows him what is happening outside, but always also confronts him with the reflection of his own eye.[1]

This virtual coincidence of inward and outward vision is constitutive of Uslé's entire expansive oeuvre, which is marked by a crucial caesura that is also its mainspring: in 1987, the artist moves to New York, or more precisely, to pre-gentrification Williamsburg (he subsequently divides his time between the U.S. and his Spanish residence in Saro, Cantabria). The decision to leave the Old

for the New World is accompanied by a profound change of technique in his paintings. The physical heft, material density, and dark melancholy of the early 1980s gives way to an increasingly lighter, brighter palette of colors that sometimes seem energized by an electric charge, and instead of the objects themselves, it is now the iridescent and dematerialized interrelations between them that take center stage. Like Captain Nemo's submarine, the pictures rise to the surface from gravity's dark watery depths and begin to weave airy webs of delicate correspondence in which the gap or disruption is no less significant than the ensembles held together by these connecting filaments: "Lines are hypothetical answers to continuous questions, those posed by the painting," the painter says in 1995.[2]

Juan Uslé has described his New York experience as a form of amnesia: "I lost my memory and my pictures in New York," he remarks, immediately adding that this loss was also the beginning of something new.[3] After Mondrian moved to New York, he began to invest his abstract geometric grids with the dancelike energy of a "Broadway Boogie Woogie," and the city's checkerboard street map and its yellow taxicabs infiltrated his compositions. Similarly, Uslé's New York pictures are always thoroughly infected by the city's light and atmosphere, although he never aspires to narrative representation. Uslé pointed out this affinity between Mondrian's art and his own as early as 1995: "His 'Broadway Boogie-Woogie' series reflects this decline in the purity and rigour of a transcendental empty space when his spaces begin to waver, to zigzag (...) and he stimulated me to comment on it, with great respect, in my painting *Boogie-Woogie*."[4]

For the Spanish painter, New York becomes the scene of a double emancipation, from the heavy

symbolism and neo-romantic mysticism of his own
early work, but also from the relative isolation
the post-Francoist Spain of the late 1970s and
early 1980s had only begun to leave behind.
The distinctive and open pictorial grammar
Uslé develops in New York incorporates central
elements of American postwar abstraction and the
movements in painting that followed in the 1960s
and 1970s, including the use of the brushstroke as
a gesture of self-expression, serialism, geometry
and the grid, but as the artist emphasizes, his goal
was never to systematically collect them, to build
a virtually objective toolkit. From the very outset,
his painting pushes back against the idea of an
ostensibly non-subjective and ahistorical pure
abstraction. Uslé seeks to chart a way of painting
that keeps the picture open to the personal and
subjective echoes that resonate in it without
becoming obscure or hermetic.[5] His goal is to
avoid the fiction of a painted space of illusion and
to devise a process-based compositional blend
that will maintain the precarious balance between
the accidental and the deliberate. The style of
painting we encounter in his work is meta-
narrative in allowing the artist's own immediate
experience of the world to inform the picture and
at once undertakes a reflection on the syntax and
grammar of his own painterly vocabulary.

The Spanish artist's oeuvre has long evolved in
sets of thematically related works, often produced
with a view to an upcoming exhibition. The series
"Soñé que revelabas" (SQR), which is not directly
associated with any particular project, stands out
among these groups—others include *Gramática
Urbana*, *Rizomas*, and *Celibataires*—because
Uslé has continually worked on it since 1997. The
SQR paintings are not only the largest unified
set, they have also emerged as a sort of *basso
continuo* in his oeuvre as a whole: a sequence of
dark and mesmerizingly vibrant chords whose
nocturnal blackness constitutes the foundation
for the radiantly neon-tinted and rhizomatically
interwoven explosions of color and light that
come to define his work starting in the early
1990s. Unlike the other groups of paintings,
which are often quite heterogeneous, the SQR
series is imposingly coherent and self-contained,
whence its air of monumentality, which is
heightened by the formidable dimensions of the
pictures (each measures exactly 274 × 203 cm /
108 × 80 in).

These canvases present the poetic-emotional
conceptualism that pervades Uslé's visual universe
in its most rigorous and concentrated form. Each
is the product of the incessant repetition of a dark
brushstroke—from picture to picture, the color
varies between gray, brown, and black—filling the
canvas line by line and engendering a peculiar sort
of shallow depth. Black pictures appear early on
in Uslé's oeuvre. For example, in 1987, he creates
a series of small pieces ("1960 Williamsburg")
whose lightless obscurity reflects a naval disaster
off the Spanish coast near Santander in which
several residents from nearby villages lost their
lives. The aspect of existentialist narrative that
prevails in these black pictures gives way to a more
rigorously formalized approach in the works of the
"Amnesia" series. One particular work from this
series, *Encerrados (Amnesia)* (1997), may be seen as
a direct precursor to the SQR pictures. The canvas,
a wide rectangle, is covered with black lines drawn
with a wide brush across the surface in closely
spaced horizontal lines; where the brushstrokes
end or break off, a bright vertical gap remains,
resulting in a picture that resembles a dark lattice
fence through whose cracks a cold white light
falls. Unlike the abovementioned works, which are
all in landscape formats, the SQR paintings are
organized by verticality throughout. That is more
than a formal modification: it implies the shift from
a conception of the picture ultimately derived from
the landscape, in which the horizon line is the most
basic structural element, to a more tectonic pictorial
measure that at once also reflects the verticality
of the human body. At nine by almost seven feet,
the works are large enough to encompass us with
their presence, to envelop us, as it were, while also
framing the idea of a bodily counterpart we can
directly relate to.

The conditions in which this art, which is defined
by the same fusion of dreamy emotionality
and conceptual aspects that is characteristic of
the entire oeuvre, is created are crucial to an
understanding of the SQR pictures. Initially
conceived out of the wish to produce exact
repetitions of one and the same picture, the series
hews to two methical stipulations. For the most
part, the artist works on these pictures at night;
and he invests them with a positively existential
physicality by placing each brushstroke on the
canvas in the exact rhythm of his heartbeat,
pressing the brush down on the surface until the

next heartbeat. Uslé has taken the brush imprint that represents nothing but itself—an invocation of the great historic longing in painting for the absolute absence of mimetic reference, for pictures that do not imitate anything—and turned it into a sort of painterly cardiogram,[6] a work that reflects and responds to the history of painting and may at once be read as a self-portrait in a very elemental sense. As an echo of the history of black pictures from Goya to Ad Reinhardt, it is thus tangibly not propelled by the desire for the "final picture" or an ultimate purism of the sort that motivated Reinhardt. Nor does Uslé's black carry any overtones of the religiously inflated ideology of absoluteness with which Malevich endowed his black square. Still, the black in these pictures is most certainly a color of transgression, of crossing from visibility into invisibility. Black is a passage toward the pictures of silence, of the dream and the night. And for Uslé (this is where his art bears resemblance to Reinhardt's), this non-color that is at once the sum of all colors constitutes a crucial tool that enables him to render light, which plays such a salient part throughout his oeuvre, visible as such precisely by confronting it with its opposite. So the amnesia Uslé has described as a productive premise of his painting is complemented by a sort of blindness: "not-seeing or seeing-nothing as the prerequisite of a different, an inner vision."[7] SQR demonstrates impressively how rich and colorful such a darkening of vision may be. The earliest work in the series, created in 1997, is also one of the blackest overall; the horizontal linear structure[8] of the brushstrokes and an infinitesimal color gradient down to a blackish blue in the bottom third of the canvas only gradually reveal themselves to the eye of the beholder, who must wrest visibility from the canvas, as it were, in gaze upon gaze. The organization of the pictorial surface in lines suggests a legibility that seems to challenge us to "decipher" it, and simultaneously refuses to offer any resolution.

The text these pictures write derives its density from its work on its own obscuration, its creation, brushstroke after brushstroke, of an image of its own mysterious impenetrability. The title "Soñé que revelabas," which may be translated as "I dreamed that you revealed," not only suggests that the genesis of the pictures is shaped by the power of the imagination rather than exact planning.

It also alludes to the photographic process, to the mysterious emergence of the image in the laboratory's developing bath. Over the years, there are phases of lighter and more transparent brushstrokes, and wide horizontal bands of color occasionally interrupt the strict rhythm of the discrete rectangular imprints of the brush; see *SQR XII* and *SQR XV* (both 2002). Uslé also takes the liberty of enlivening the sternly ascetic monochrome black-and-gray surfaces with isolated lines and dots of color (*SQR XIV*), which take on an almost ornamental radiance before the dark ground. In some pictures—especially the lighter ones, where the brush impressions do not form a uniform grid of very fine parallel lines but instead manifest themselves on the canvas as a bright band of zigzagging dashes—the pictorial structure looks as though woven, with an aspect of ornamental serialism that recalls carpet patterns; see *SQR IX Ikuros dream* (2001/02), *Onon* (2008).

Yet the structure of the SQR paintings also elicits an even more obvious association: cinematography. First and foremost, there is the texture of the brushstrokes, which, in their endless addition, look like film strips.[9] Uslé's extremely thin and translucent application of vinyl and dispersion paints and the pigment spread across the surface of the pictures like a superfine powder reinforce the impression of celluloid-like transparency; the paintings always "also exude a sense of the phantasmatic, the aura of a virtual non-space."[10] The cinema and movies as well as the experience of the metropolis lit up by flickering neon lights are indeed crucial influences in the Spanish artist's oeuvre.[11] As Uslé explains in an essay he wrote in 1993, what fascinates him most about the cinema is the passage of real time spent on watching a film.[12] The observation brings us to another central aspect of the SQR paintings: the link between picture and process. In an endeavor that informs his entire oeuvre, Uslé strives to produce a pictorial reality whose totality allows the viewer to see and experience both the process of its genesis and every individual moment in that process. In this sense, passing moment and duration, process and result, are inextricably fused in each SQR painting. The momentum of the brushstrokes adds up to a process generating a picture that, in the iridescent narrow time-space between presence and evanescence, always also captures the stretch of time it took to paint it. Without turning into

a meta-text, Uslé's SQR pictures store up a wide
range of aspects of what a picture can be, is
capable of being, today: self-reflective painterly
act, portrait-like expression of the artist's own
physical self-awareness, process-based recording
of fleeting instant and passing time, and vivid
representation of the eternal longing for a picture
that would reveal what is, and ultimately must
remain, structurally invisible.

Notes:

1) See *Juan Uslé: Back & Forth*, exh. cat., IVAM, Institut
Valencià d'Art Modern (Valencia, 1996), 252.
2) Ibid., 259.
3) Ibid., 262.
4) Ibid., 260.
5) John Yau, "Embrace: The Paintings of Juan Uslé," in *Juan
Uslé: Switch on/Switch off*, exh. cat., Centro de Arte
Contemporáneo de Málaga (Málaga, 2008), 73.
6) See John Yau in conversation with Juan Uslé, *The Brooklyn
Rail*, April 2011, repr. in *Juan Uslé*, exh. cat., Galerie Lelong
(Paris, 2013), 37ff.
7) Stephanie Rosenthal, *Die Farbe Schwarz in der New York
School*, doctoral dissertation (Munich, 2003), 51.
8) With the exception of *SQR V* (2000/01), where the
brushstrokes form vertical lines, all works in the series show
a horizontal linear structure.
9) See David Carrier in conversation with Juan Uslé, in *Juan
Uslé: Open Rooms*, exh. cat., Museo Nacional Centro
de Arte Reina Sofía (Madrid, 2003), 38–39, and Yau,
"Embrace," 74–75.
10) Stephan Berg, "Das Momentum der Malerei," in *Juan
Uslé: First Time Germany*, exh. cat., Museum Morsbroich
(Leverkusen, 2002), 22.
11) Compare the work of David Reed.
12) *Juan Uslé: Back & Forth*, 255.

Raphael Rubinstein

IN THE AMBIENCE OF NIGHT

I am looking at a painting made by Juan Uslé in 2001/02, the sixteenth in a series titled in Spanish "Soñé que revelabas" (I Dreamed that You Revealed).

My first impression of the 9-foot high, over 6 ½-foot-wide canvas is of dozens of black ribbons stretched across the canvas, pulled taut in row after row. So I begin thinking of the painting as being dependent on, maybe even being "about" horizontality. But almost immediately I notice something that challenges my initial assumption: each of these "ribbons," as I have been thinking of them, is made up of countless vertical lines, created by the artist's stuttering brush movements.

How can this painting of such horizontality actually be composed of accumulated verticals? I temporarily set aside this paradox and continue looking at the painting. Examining it more closely I notice how each of the vertical lines within the horizontal bands contain countless tiny oscillations. The spacing of these oscillated lines varies, both within a band and in relation to the bands above and below it.

Each of the vertical lines is slightly bent, as if under pressure. There is something geological about the painting, suggesting layers of sediment or core samples extracted from the Earth's crust.

Now I notice another linear element: shooting through each band like a pulse of light are lighter streaks, as if the painting has been subjected to some kind of raking light.

The painting suddenly looks to me like a blackboard that has been erased according to some methodical system; it also reminds me of chalked tally marks.

Groups of bands tend to be lighter or darker than other groups. For instance, five bands at the top are darker than the next five below them, which are lighter than the next set (think of them like sets of waves, which sailors and surfers attentively track), which get progressively darker as they descend, until they are interrupted by another chromatic event.

This painting, and all the canvases in the SQR series, is like a symphonic composition in which instruments join in and drop out, creating a constantly changing sonic texture. It could be used as a score for a musical performance.

Now come two rows in which the white verticals are very white, which makes me aware of another type of variation: in each set of bands the relationship of white (line) to black (ground) is different in terms of value.

I mustn't overlook the thin black horizontal gaps between each band. There are also spots near the top and bottom of the painting where these "cracks" are white rather than black.

One band (the second from the top) has a distinct silvery quality, or is it just the lighting? I change my position, trying to determine if what I see is "in the paint" or "in the light." But of course, these two categories are impossible to separate, at least with a painter like Uslé.

Each band now looks to me like a sliver cut out of a tree, its rings showing as a pattern of narrow lines. And now, like a length of magnetic tape snipped off by a sound editor.

In some of the bands, the lines began to slant, leaning slightly to the left or right.

I think of lines of old-fashioned moveable metal type. I also am reminded of cuneiform writing, a connection that first occurred to me when Uslé mentioned some SQR paintings subtitled *Tigris* and *Éufrates* (growing out of his response to the Iraq War).

Uslé has described how he makes the SQR paintings according to the inner workings of his own body. "I move the brush and press down until the next heartbeat occurs. I try to follow a sequential rhythm, marked by the beating of my pulse." He explains that one reason he usually works on the series at night, especially when he is in New York, is that he needs tranquility to be able to focus on the pulse of his blood. The link of movement of brush to movement of blood means that the paintings are to some extent determined by his physical state. As he explains, "The result varies from work to work and from day to day, depending on how calm or rapid my pulse is (blood is not always pumped at the same rate)."

Each line of Uslé's SQR paintings (I mean here the short vertical lines that make up the horizontal bands) is not individually drawn but is the result of a process (the successive pressing down and lifting up of a paint brush in tandem with the artist's heartbeat). The larger patterns emerge from the process rather than through conscious decision-making. This reliance on process may partly explain the textile-like aspect of the paintings, which can suggest watered silk and other textile patterns. As a whole, Uslé's paintings beyond the SQR series frequently suggest patterned textiles, in particular with certain African fabrics; his work relates to what scholar Robert Farris Thompson terms "rhythmized textiles."

But although they are the result of a process, each of the lines (vertical in SQR XVI, diagonal in some others) is unique. It would have been impossible, or at least it would have required an altogether different source of artistic sensibility, to have drawn each one of these lines by hand. And if that were the case, Uslé would not have been able to access the kind of deep physical order that is at the heart of the series' power.

The SQR paintings are extremely dry paintings. Not "dry" in sensibility or feeling but dry as in the opposite of wet. They look like they could have all been done with slate and chalk dust or fossilized weather or recorded sound. In fact, "dry pigment" is one of the materials used; the others are vinyl and dispersion medium. They don't seem to have been

made by a brush (though I know they have been). There isn't a drip in sight.

The methodical technique and the procedure of starting in an upper corner and filling the canvas row by row inevitably recalls the work of the late Roman Opałka, a Polish-French artist who devoted nearly his entire artistic life to filling canvas after canvas with tightly packed rows of sequential numbers, painted in white on ever lighter backgrounds. Both artists seem to be directing their work and their viewers into a realm of meditation, toward a Zenlike emptying out of consciousness. Making the paintings, Uslé has said, "is like filling the world with silence, from the void, in order also to signify at least one sufficiently large, generous space, chosen for that purpose. It's like a cleansing exercise, to seek emptiness, guided by a biological reference point. Perhaps I make them because we see too impurely, and we are sometimes tormented by images. We are so overloaded with images that we breathe." What separates the two artists, however, is Uslé's reliance on the inner rhythms of his body, in contrast to Opałka's strict mathematical and conceptual structure.

Other writers (Kevin Power, Alisa Tager) have noted the flickering quality of Uslé's paintings. In the SQR series, there is a quasi-stroboscopic effect, as if a light source had been rapidly switched on and off in order to convey a sense of slowed-down movement. The paintings suggest an interesting correlation between pulsed illumination and the inner pulse of the human body.

In contrast to the vibrant palette of Uslé's other paintings, the SQR might seem like "black" paintings, but compared to the most famous maker of "black paintings," Ad Reinhardt, Uslé's canvases are alive with variations in color. There are SQR paintings with blue bands, red, green and pink lines, rows of red or yellow dots.

Two other sets of "black paintings": Goya's (which are more "black" in mood than in color) and a group of mid-1960s canvases that Joan Mitchell called her "black paintings—although there's no black in them."

On my visit to Uslé's studio in an old building at the corner of Broadway and Bleecker, I mention that Ad Reinhardt's studio was also on Broadway, only four blocks uptown, at 732 Broadway. Uslé's desire with the SQR series to eliminate images seems quite Reinhardtian, yet no one could be less doctrinaire, less exclusionary. Later, I think how Broadway was important to another immigrant painter in New York, one who has been crucial for Uslé's own work: Piet Mondrian, the creator of Broadway Boogie Woogie (1942/43). In 1991, Uslé made a painting titled *Boogie-Woogie* in which a grid is made by drips of white paint on a red ground.

The urban environment is crucial for Uslé, as one can see in the many photographs he has taken of architectural details in various cities. These photographs feature luminous interplays of light, color and pattern that visibly relate to his paintings. Uslé is clearly one of those abstract painters whose work is directly connected to specific urban landscapes. In this regard, I think of his work in relation to early Ellsworth Kelly and to Shirley Jaffe's Paris- and New York-inspired compositions.

As I sat across a table from Uslé, I noticed the brick wall of the building next door to his. Just a few feet from the windows of his studio, it is the Bayard-Condict building, the only building in New York by the great architect Louis Sullivan. Built in 1887–1899, the Bayard-Condict was one of the first steel-skeleton structures in New York. It is instantly recognizable for its ornate terra cotta façade, but the side of the building visible from Uslé's studio is unadorned brick. It seemed obvious to me that years of proximity to this immense plane of bricks must have influenced Uslé's approach to modularity, and also his subtle use of variegated color. The artist told me that one work in particular, a dark horizontal canvas from 1997 titled *Encerrados (Amnesia)* that is an antecedent of the SQR paintings, reminds him of the bricks in the Sullivan building.

In the course of our conversation, Uslé mentioned a poem by Julio Cortázar titled "Negro el 10" (the title, "Black Ten," is a reference to the roulette wheel). Although I am a longtime fan of Cortázar's writings, this poem was new to me. Cortázar wrote it in a Paris hospital just a few days before he died in 1984. Conceived as a text to accompany a suite of lithographs by his friend Luis Tomasello, the poem consists of 10 brief numbered stanzas, each approaching in a different way the subject of the color black. The first stanza focuses on the notion of black as void: "1. Empieza por no ser. Por ser no. El

Caos es negro. / Como es negra la nada." (My rough English translation: Begin by not being. By being no. Chaos is black. / Like nothingness is black.) The second stanza ends with a phrase that I suspect appealed to Uslé because of the interplay between light and darkness in the SQR paintings, the sense that his black pigment has entrapped a powerful light which it releases in intermittent bursts: "Toda luz en el carbón se abisma en el basalto" which can be translated as "All the light in carbon is submerged into basalt."

It is not only the restricted palette and allover edge-to-edge compositions that make the SQR paintings distinct from Uslé's other paintings, but also their consistency, their serial structure. While he generally seeks to begin each new work without preconditions, and seeks what he calls "non-repetition", after making three "black" paintings, Uslé decided that it was time to break his own rules. "I thought, why not start a new project that would be based on this idea [of sameness], that would investigate the idea and the possibilities of repetition?"

There is an ambient quality to the SQR paintings. Their deployment of repetition has little to do, it seems to me, with classic Minimalist art. A more useful point of reference is Brian Eno's concept of ambient music. First presented in his 1978 recording *Ambient 1: Music for Airports*, Eno's ambient compositions exude a sense of quietness and drifting. The use of tape loops of different lengths introduces a sense of slippage into the repeating units of sound, which is very similar to how Uslé fuses repetition and accident in his paintings. As I imagine Uslé working late at night in his New York studio, the distant, muffled sounds of traffic coming from the streets several floors below, his loft quiet so that he can hear/feel the rhythms of his own circulatory system, it is a soundtrack very much in the style of Eno's ambient music that I can almost hear. A central feature of ambient music is the degree of freedom it offers to the listener. In the liner notes to *Music for Airports*, Eno explains that ambient music "must be able to accommodate many levels of listening attention without enforcing one in particular." Something remarkably similar happens with the SQR paintings, which never solicit the viewer's attention but, rather, patiently await it. There is no protocol for looking at these paintings: the eyes can skim over them as one might scan an ocean horizon, or pause for a close-up examination of their details. Responding to a long history of modernist abstraction, the paintings can be appreciated for their elegant, complex formal qualities, for their artful handling of grid and field, but they can equally be seen as attempts to slip away from the legacy of modernist abstraction, especially given their quasi-indexical basis in the necessary connection between brush mark and pulse.

Uslé has said that the title refers to the realm of dreams but also to a photographic darkroom. In Spanish, a darkroom can be called a *cuarto de revelar*, a room for revealing or developing. The other Spanish term, *cuarto oscuro*, is closer to *darkroom* or the German *Dunkelkammer*. We frequently think of darkness and revelation as opposites. It is one of the many provocative paradoxes of Juan Uslé's "Soñé que revelabas" paintings to show us how much can be revealed under the cover of darkness, in the middle of the night as we listen to the whispered music of our invisible blood, as we look out windows at old brick walls, as we confront the impending vanishing of all light in a final poem written under white hospital sheets, as we stand in front of a painting in which an artist has set aside his usual palette to invite us into a nocturnal ambience.

All quotations from the artist are taken from "Juan Uslé with John Yau," an email interview published in The Brooklyn Rail, April, 2011. Julio Cortázar's poem "Negro el 10" can be read, in a printed version and in the author's manuscript, on the website of the Revista de la Universidad de México at http://www.revistadelauniversidad.unam.mx/0104/pdfs/negro.pdf, as well as on page 3 of this catalogue.

Ángel González

SQR: THE SONG OF THE NIGHT

"If you dream you are awake
it is because your dream
is now your only reality."
José Bergamín

"Each image is a dream of itself."
Walter Benjamin

Sharply divided between the rigors of geometry and the deceptive inevitability of the gesture, since its outset abstraction has been turning somersaults, estranged from everything that in principle seemed within its grasp and not hesitating to endlessly and happily proclaim and promise a "world" as propitious to life as the real world, the one that we live in, which has inspired artists for centuries.[1]

Everything had seemed possible before it was, except that almost nothing in fact was. Lacking an intellectual basis, given that all Kandinsky and Greenberg did was ramble on,[2] and above all lacking an awareness of its figurative powers, however paradoxical that sounds, abstraction continues to languish, a ghost and cliché of itself, the inhabitant of every dead-end street, above all of the one that constitutes a type of obligation with its own history, which in the USA, where it is held up as a tradition that demands respect and frequently as an obligation towards what is falsely believed to be its principal contribution to 20th-century art, it could not be more leaden and stifling.

I have no desire to conceal my scant appreciation for this category of art, incapable of accepting and redeeming itself as decoration despite its close proximity to that noble category of art. Only by

declaring at the outset my distrust in something that I consider to have already entered into a decline, not to mention its lamentable "spiritual" inclinations, will the defence I intend to make here of Juan Uslé's painting acquire its fullest meaning, a painting that I certainly consider—no need to question that further or leave it to the end—the most stimulating and attractive that I know and perhaps even the only one in these present times, when painting seems more exhausted than ever.

The reason for this clearly and universally recognized excellence not only lies in Juan's abilities as a painter, but also, and for the time being, in something that has allowed these abilities to reveal themselves and to unfold, which is something that, as I have already said, was sadly lacking in the majority of abstract painters: the clear awareness of his powers; or simply, the fact (so marvellously evident in Juan's painting) of being able to do it all and encompass almost everything, in other words, the totality of the experience which the artist has of the world as a whole: of each thing seen and experienced at any hour of the day and in any season of the year, under any circumstances, in the city or in a mountain cabin … As far as I know, no one—not even the pioneers such as Kandinsky and Kupka—has formulated such an ambitious programme for abstraction: absolutely everything, any living, remembered, and perhaps even dreamed thing.

Juan's way of expressing this is so succinct and convinced that not by chance have his admirers found it memorable: "Abstraction is a blind room, but everything is there. You need only press a button and everything will appear."[3] Critics have rightly lingered over this *dictum* of the artist's, most of them, however, obsessed with the action of pressing the button that reveals *everything*.[4] However, what matters is that *all this* was already there, hidden in the shadows, lying in wait; the fact that the room was already there from the outset and by its very nature filled with what at first sight only seemed to be darkness. Exactly what it was filled with is something I will attempt to recount.

The image of the button has evidently somewhat distorted critical accounts of the artist. Suddenly, stunned critics inform us, *light comes into being*: a light that is more *blinding* than the darkness, which previously prevailed in the room. Everything seems to happen in the blink of an eye, suddenly, in the almost miraculous way that happens when we turn the light switch on. We will shortly see that the paintings which comprise the series in this exhibition, "Soñé que revelabas" (SQR) ["I dreamed that you revealed"] delay that moment of total and all-embracing illumination, that almost divine event in which light suddenly comes into being independently of what it illuminates, which in Genesis was still nothing: just light, devoid of any other thing that could be painted, which light is not per se, despite what they say, including risible remarks such as that there are "painters of light" or paintings "overflowing with light," as if they could guide us home when the fuses have blown.

Rather, what we have are light paintings and dark paintings, some more than others, just as Zola, when discussing his contemporaries the Impressionists, said that their paintings were a "Light Salon" as opposed to the traditional "Dark Salon." We might say then, that what "comes into being" when that ambiguous button is pressed is lightness; and as I see it, it is becoming increasingly clear to the painter that abstraction *can do everything*, or at least as much as figuration. I imagine that Juan came to realize this gradually, almost in the same way that day dawns, as its light gradually imposes itself over the darkness of light. The old Castilian verb for

this was *clarear* [to lighten up], which makes more visible a process that the now commonly used verb *amanecer* [to dawn] weakens and slows down.

Like any other of man's endeavors, painting revolves around the day, and not by chance are the words "Works and days" traditionally associated. In fact, of all the hours of the day, dawn, a word that maximizes the lightness that is coming into being, belongs to everyone without exception: it is equally the hour of night birds returning home and of people who have to get up to go to work. Electric lighting has not entirely succeeded in subverting that rigorous, imposing regime and one so filled with reason, which Don Quixote's madness revealed right at the outset of the novel in his confusion between night, which "passed from light to light" and day, which rather "passed from dark to dark." What a witty and ingenious way of explaining a type of madness which is not the sad sort that we can only feel sorry for but precisely that other sort which will transform the monotonous and boring life of Alonso Quijano (as Cervantes hastens to point out) into the very opposite: exciting, eventful, adventurous, and still fascinating for all readers of the book!

This is perhaps the type of madness that fin-de-siècle psychoanalysts happily associated with artistic talent and which Jacques Lacan (who was so conservative in many respects) attributed to paranoiacs. For many readers this might seem somewhat antiquated; but the fact is that the reasons for which a human being becomes an artist cannot be explained better than by that disorder which the young William Blake championed against the spiritless opinion of Sir Joshua Reynolds regarding Raphael's extremely disordered and even excessive life. And what greater disorder could there be (you will note that I reject more high-flown terms like the Platonic *theia mania*) than the one that comes about between day and night, which is also so eminently modern?

It was not, then, a sudden flash of light that revealed to Juan Uslé the enormous powers of abstraction, which his work has so outstandingly explored and made use of, but rather the flirting between light and dark; the confusion that is manifested as light dawns. It is there, on that confused and unstable borderline where Juan's painting "starts" to take shape; where there is a division between a painting that pulls strongly towards the glow of the day and another that follows with its eyes focused on the opacity of the night. Masks, which are probably the most ancient and powerful *artefacts*, are obscurely telling us this: the essential duplicity of artistic creation; the two-facedness of which Daedalus, that first artist, vaingloried, even in his own conduct.

In this respect, it is not that SQR constitutes the key to Juan's painting, as there is probably no place for such a thing in painting, nor does it need it; it is simply the *place* where it borders onto the darkness of the night,[5] which is never so dark that it can be depicted as black. As what, then? As the old Castilian phrase has it, "At night all cats are dun colored," as if to say that at that hour, which is so favorable to their escapades, all of them are the color of the night, a color as imprecise as dun, an obscure mixture of black and red with an occasional touch of yellow, the "only" realistic black, as Goya and the Impressionists undertook to show us. The color, then, of the night, and it is not surprising that some people in Spain still use the verb *pardear* [to turn brown] rather than *anochecer* [to get dark] in a clear and charming opposition to *clarear* [to grow light], which is the term these same people still use for *amanecer* [to dawn].

Number VII of the SQR series is the only one painted in a conventional dun color; that color of the earth and of chestnuts. The remainder fall within a still more undefined chromatic range, although one filled with nuances, as we might expect from a painter so sensitive to colors and for me, even more so in these nocturnal paintings than in the daytime ones. The inclusion of strips of brighter colors, particularly blue, like cracks that open up in the darkness, inklings of the new day, confirm that these are not direct representations of the night, which would be very incoherent for a painter who declares himself an abstract one, but connections interposed between him and the night, a wide variety of geometrical forms such as blinds, lattice windows, curtains, and net curtains, through the cracks of which creeps the light advancing from the other side. This is sometimes in a regular way, as with the blinds, and in other cases in the manner of irregular splashes, of which number VI in the series is the best example; my favorite, in which the full light of day drips and creates a type of necklace, an oily trickle that also suggests a long row of small teeth, which suddenly makes plausible that marvellous Baroque metaphor that many have considered too artificial: "The

pearls of your teeth [...]" etc. Did we not say that abstraction can encompass everything?

The image of the blind, which is evident in this painting and which for many of us brings back so many memories of waking up late, is not, however, the most frequent in SQR nor the most disturbing. Ultimately, a lowered blind seems a sufficient barrier between our room and the outside world. In contrast, not only do we find that curtains offer very little protection and net curtains even less, but what is worse is their lack of stability, their troubling tendency to move. *Abierto*[6] [Open], *Inquieto* [Restless], and *Movedizo* [Shifting], the titles that Juan has given to three of the paintings in this series, are both qualities of the night and of certain translucent materials such as muslin and lace,[7] which are used to make net curtains, the name of which alone provides food for thought.

This occurred to Walter Benjamin in a state of altered consciousness that he recounts in "Über Haschisch," in which what he says regarding ornament could well be applied to Juan's painting, in particular that it involves something interwoven, made of crossing threads. Juan's painting is visibly and characteristically of a textile nature. He himself has indicated this to us through some of the titles of the paintings: a series of terms that define the semantic field of weaving, such as *net, knots, bows, tying, spinning*, etc., without forgetting that in one work he makes express mention of madras, a cloth with a pattern of irregular squares, almost always woven in bright colors and which Juan's painting gracefully and insistently recreates.

Naturally, this is not the place to give an account of the infinite aspects (some technical, others mythical or metaphorical) of weaving, that ancient and prestigious art form, "le métier de Zeus," as John Schied and Jesper Svenbro called it in their book on the depictions by the ancient Greeks and Romans of what is a powerful and fertile metaphor for human lives, beliefs, and customs. It is sufficient here to return to where we were: between two lights, by recalling Penelope's famous weaving and unravelling, the ambiguous promise of something that could have become either her wedding dress or Laertes' shroud... So great is the evocative power of weaving! Juan could hardly have omitted it as he was almost blindly drawing together the threads of his own life, some light and others dark, but all tangled together by dreams.[8] Juan has not been very explicit with regard to the role of the dream in his nocturnal work. The presence of the word "soñé" [I dreamed] in the overall title of this series does not tell us much; only that the artist *had a dream* involving "revealing," without saying what specifically. The fact that Juan himself has insinuated on occasions that the title refers to his first experience as a photographer[9] (the verb *revelar* means both to reveal and to develop photographs, translator's note) does not mean that the verb loses its principal meaning: that of manifesting something that had been previously concealed, and everything, for example, to be found in the dark room of abstraction. Was it perhaps in dreams that that image occurred to him or was this how the memory returned of the *distribution* of light and dark of which photographic development consists?

Thanks to Hervey de Saint-Denys we knew that dreams are accumulations of memories long before Freud began his whimsical interpretations of them.[10] Saint-Denys called them *cliché-souvenirs*, stating that the dazzling things we sometimes see in dreams are the result of what we have seen and do not arise from *nothing* or from a mysterious and improbable "interior necessity," as Kandinsky believed and introduced into abstraction. In complete opposition to the latter, I am reassured to know that Juan Uslé has acknowledged the fact that his paintings have an autobiographical basis in the form of his dreams. What sign of them is there in SQR? The night is long and sleep constantly stalks those waiting for day to dawn, its clarity almost as hallucinatory as dreams, particularly the first to arrive in the form of hypnagogic hallucinations. Saint-Denys, who was one of the first to study them, wrote a beautiful description of them as "fine threads of gold, silver, red and emerald green, which seem to overlap or wind round each other symmetrically in a thousand ways with a continuous shudder [...]." It is not surprising that this coincides with a vision that Théophile Gautier had under the effects of hashish: "My eyelashes grew and grew, rolling up like gold threads around small reels of ivory that turned on themselves at an astonishing speed."

Everything to do with weaving is notably hallucinatory, or perhaps the other way round: the hallucinations that precede deep sleep have a textile-like quality. What was Juan really doing on those nights that he devoted to the great project of creating this series: painting, sleeping, possibly dreaming?

This is a powerful Spanish tradition with its roots in "La vida es sueño" [Life is a Dream] by Calderón de la Barca, and one that José Bergamín has reactivated recently by proposing a definition of the dream that in effect does not distinguish it from life, which is a dream from start to finish. Walter Benjamin, who was familiar with and admired Calderón's works, would ultimately focus all his efforts on an "awakening technique," which in his case led on to another, not much happier dream. With regard to Juan, I would not venture to reach any conclusions although it would be foolish not to make use of this occasion to claim in his name those multicolored, dazzling meshes described by Saint-Denys and Gautier. I think that Juan's daytime paintings are woven from these meshes (from what else, if not?).[11] In that case, what are the nocturnal ones made of?

Juan once told Cristina Giménez about the living pulsations of his body, which he could hear in the silence of the night. Penelope heard them beating wildly as she wove and unravelled that cloth with its uncertain destiny. The word "pulsation" applies equally to the task of weaving, starting with the most elemental of weaves, like playing stringed instruments. There is much of music about weaving and its pulsation is like humming or singing a repeated melody, which we probably do at night to keep our spirits up, although night-time terrors are nothing but an extreme case of *horror vacui*. Empty of sounds and colors, the night, which in principle is nothing other than *openness* par excellence, or *availability* to the greatest degree possible, encourages work, none as demanding and time-consuming as Penelope's agitated endeavors. Perhaps also a little drawing, which is also essentially a process of overlapping lines, just as one interweaves threads or cords. For centuries drawing was a nocturnal labor, not just because it mediates between darkness and light by manipulating shadows, but also because there is almost always something in drawing that pertains to sleep and which even derives from it. To sleep, to dream, perhaps to draw ... There is nothing like working with the pencil, the exhaustive crossing and hatching of its lines, for producing an effect of silky darkness.

In the journey from darkness to light which SQR
creates, pulsation after pulsation[12], line by line,
reducing here and stretching out there, it is enough
to proceed by loosening or modulating, as they say.
The little ditty thus becomes a song, just as when we
listen to the rattle of the trains at night, a sound that
also takes leave of the night and greets the day. You
can read it on the artist's lips when he decides his
work is done and goes to bed. Tomorrow is another
day, no doubt about that.

Saturated with his colors, Juan's painting comes into
being over the days, as one might imagine. Perhaps
the most intriguing and certainly the most eloquent
thing about the paintings in the SQR series is that
they have been painted very sporadically: totalling
forty, as far as I know, in ten years although I
don't know at what intervals, for example, one for
every season of the year. Alternating some with
others would have been pretentious and terrifyingly
doctrinal. Juan has not painted any of them in
order to explain or justify anything, not even the
vast powers of abstraction. With its harmoniously
spaced rhythm, which for me vividly evokes the
rhythm of the various festivals that take place over
the course of the year, SQR is more of a rite than
an experiment. It certainly celebrates the night as a
rich and complex visual event but in the manner of
a recurring initiation into its mysteries, which are
in turn (perhaps by definition) those of the dream;
like a hymn.

Describing the paintings in this series as *hymns to
the night* may sound slightly exaggerated here in
the land of Novalis. I thus propose no more than
"whispered prayers," like those recommended
to us in the venerable Catholic practice of
"nocturnal adoration," used for falling asleep and
the nearest that we have to the ancient custom
of "incubation," the therapeutic sleep that was
practiced in sanctuaries dedicated to Asclepius.
However, I am still exaggerating, so I will leave
you with those little ditties, or in fact just a few
scraps of them, which slightly tipsy night birds
employ to vanquish and chase away their terrible
sense of emptiness.[13] Songs like spells, like that
unforgettable and desperate one of Papageno's:
"Good night, deceiving world! Good night!"

Notes:

1) Neither geometrical nor gestural, Juan Uslé's abstraction
could be defined as sensitive, almost in the sense applied
to some plants that are particularly receptive to external
stimuli. Furthermore, and anticipating my conclusion, his
paintings constitute perceptible links between the unstable
but simultaneously delightful experience of the "exterior
world" and the accumulations of scattered memories of
which dreams consist, the only part that Kandinsky would
have acknowledged as pertaining to a certain experience
of an uncertain "interior world." See that artist's interesting
conjectures in an appendix to the Russian version of his
"Rückblicke" [Retrospect] of 1918 regarding strange things
seen in dreams or in bouts of fever.

2) From everything that Kandinsky argued in favor of
abstraction, most of which was occultist mush (it shocks
me that "Concerning the Spiritual in Art" continues to be
published), I would only retain that little tale that seems to
have come straight out of Jacobus de Voragine's "Golden
Legend," in which the superior charms of abstraction had
been revealed to the artist by a ray of sunlight providentially
falling from on high, where that type of art would seem to
be the most favored one. All this produces a sensation of
mistrust in me, particularly when, to judge from the most
miracle-working holy images, the celestial court's taste in art
is so notably disappointing.
With regard to Greenberg, fortunately an increasingly
forgotten figure, his lamentations over two-dimensionality
can barely be considered even to constitute a theory. It is
bad enough to develop ideas about art but even worse to
just formulate *one fixed one.*

3) Aside from this inexcusable *dictum*, and contrary to my
pronounced tendency to delve into the writings of artists
themselves, I have here tried to avoid what are ultimately
instructions that they transmit to us *sotto voce*. With great
regret I have thus had to leave out what Juan wrote on
Velázquez as well as a text of 2006 with the exceptionally
promising title of "Le soleil est un voleur: il seduit la mer."
Instead, I have taken the titles of his works more seriously
than ever before. These titles are extremely thought-
provoking, unlike those of the geometrical or gestural
painters, who so often used ones such as Number one, No.
158, or, in a demonstration of sincerity, Untitled, etc.
"Literary" titles, to call them by some name, are a form of
courtesy on the part of those who practiced abstraction,
including one as rigorously geometrical as Frank Stella in
his early phase, whose *Domínguín* would appeal to me a lot
more if it didn't have a title.

4) The figure of the light switch (*interruptor* in Spanish, possibly
in memory of an era of hardship when switching the light off
was more important that switching it on), perfectly fits the
series of nocturnal paintings of which SQR is constituted.
Thus the dark room of abstraction would very probably be
the studio of the painter, who returns at night to check that
everything continues to be possible there at that time as
well as during the day. What kind of studio would it be if
everything were not possible at all times?

5) In a way, the night could be the metaphor of that darkness which originally prevailed in "the room of abstraction," in which everything was to be found in potential form. In reality, SQR constitutes, *de facto*, an almost exhaustive demonstration of these powers.

6) I suspect that this adjective, "open," expresses or sums up all of Juan's work, which is precisely a "study of the open." The fact that the night is open, despite the absurd misunderstanding that on occasions leads it to be described as "closed," is demonstrated in the charm of a marvellous sign: "OPEN ALL NIGHT," which fits the whole of SQR like a glove. Now I get it: it may be that the night is never so open as when it appears closed to those who don't go out in it.

7) Or gauze or even hessian … María Vela Zanetti, who is so knowledgeable about textiles, has aptly pointed out to me (given that more than any other type of cloth it resembles Juan's nocturnal paintings) a very distinctive one used to make arbors and thus known by the delightful name of *tela de somba* [shade cloth].

8) It was a bad moment when, in 1997, Juan decided to entitle one of his paintings *Rizomas* [Rhizome]! Art critics, many afflicted with contemporary French philosophy, saw the skies of his painting open. "Aha, the famous rhizomatic thing …!" For those of us who appreciate gardening, a rhizome is something far simpler and also more remarkable. However, if we are going to lumber Juan's painting with something of the jargon of the French philosophy that was so fashionable in his youth, another word of vegetable origin occurs to me, which is "dissemination!" This is a procedure which Uslé, without getting involved in theoretical scribbles, applies through the use of a "dispersing medium" or just "dispersion." It is frequently found in his paintings and perhaps most obviously in the works in the SQR series, in which the dispersion of the pigments, applied with very short brushstrokes, brings about the paintings' ultimate appearance as delicately woven things.

9) Some paintings in the SQR series suggest the effects of stretched out rolls of film, specifically Number 5, as if they were hanging from the line of string in the photo lab, although I would not wish to insist on this naturalistic explanation. Obviously, the photographic lab is in turn a marvellous metaphor for the omnipresent darkness demanded by abstraction. Everything seems possible in the developing tray, floating in a liquid that is not so different to the one which momentarily pulls along and binds together dreams, with their proverbial fluidity. I dreamed that I was dreaming …
The eccentric montage of Juan's paintings on the front cover of the exhibition catalogue "Nudos y rizomas" [Knots and Rhizomes] of 2010 can only be explained if the intention was to compare them to recently developed photographs, still damp and hung up to dry.

10) I have no idea what a psycho-analyst would make of a painting such as *Dirty Dream*, and I'm not sure that I care either. As Nabokov said, "the Vienna School is not invited," and even less so the sad Dr Rorschach. The only evident thing is that in addition to being *dirty*, or precisely because of that, it was an extremely fun and enjoyable dream.

11) The colors of Juan's paintings, glowing and brilliant, with something that suggests stained glass or enamelling, recall those of Islamic tiles as well as Chinese export porcelain. His liking for the combination of blues and oranges immediately suggested this to me.

12) Among the titles of the works in the SQR series is *Travesía* [Journey], while another is *Galope* [Gallop] (I wonder what happened that night?): the night as a stroll speeded up and brought on by dreams. Another, almost obligatory title is *El despertar* [Awakening], and another tremendous one, perhaps the best, is *Plomo y luz* [Lead and Light], which I understand as a forecast of the following morning's weather: leaden and precisely a combination of lead and light. *Serenos* was the word given in Spanish to the municipal watchmen who made their rounds at night, as they often announced "serene" weather. Albert Marquet, who used to get up very early in Paris, often to find dreary weather outside, frequently completed the titles of his "views" of the city from his studio window with annotations that seemed like part of the weather forecast: "grey weather," "clear weather," "mist and snow," etc.

13) In 2007 Juan wrote that one of his favorite paintings was Rembrandt's *Night Watch*, the most striking quality of which is not what derives from that specific time of the day (encouraging as it does tomfoolery in the street on the pretext of making it safer) but the painting's large, all-encompassing size, so that anything could fit into it, down to the humblest neighbor in the barrio.
All Rembrandt had to do was turn the light on. Of course Juan could well have felt like someone who stays awake while everyone else falls asleep: the guardian of the night, the invigilating artist. In fact, he does this at any time of the day, even when sleep overcomes him. Stuck to his studio door is a sign like the one apparently hung up by Jean-Paul Roux before he went to sleep: "THE ARTIST IS WORKING" … The Guardian of Dreams.

JUAN USLÉ

Santander, 1954

SOLO EXHIBITIONS

2013
Juan Uslé. Galleria Alfonso Artiaco, Naples, Italy
Entre dos lunas. L.A. Louver, Venice, CA, USA
2012
De la luz silenciosa. Galerie Lelong, Paris, France
High Noon. Galería Soledad Lorenzo, Madrid, Spain
2011
Landropo y Zebulón. Galería Joan Prats, Barcelona, Spain
Desplazado. Cheim & Read, New York, NY, USA
2010
Nudos y rizomas. Es Baluard, Museu d'Art Modern i Contemporani de Palma, Palma de Majorca, Spain
Garabamathis. Galerie Thomas Schulte, Berlin, Germany
2009
MO-HI-NA. Frith Street Gallery, London, England
Malatadas. Galería Soledad Lorenzo, Madrid, Spain
La Novia de Belchite. Tim Van Laere Gallery, Antwerp, Belgium
2008
Brezales. Cheim & Read, New York, NY, USA
Juan Uslé. Switch on / Switch off, Fundación Bancaja, Valencia, Spain
Ojo-Nido. L.A. Louver. Venice, CA, USA
2007
Juan Uslé. Switch on / Switch off, CAC Málaga – Centro de Arte Contemporáneo de Málaga, Spain
Juan Uslé. Galerie Thomas Schulte, Berlin, Germany
Luz aislada. Zoom, Santander, Spain
2006
Juan Uslé. Frith Street Gallery, London, England
En otros ojos. Galería Soledad Lorenzo, Madrid, Spain
Pieles y miradas. Galería Siboney, Santander, Spain (with Victoria Civera)
2005
Alegre. Tim Van Laere Gallery, Antwerp, Belgium (with Victoria Civera)
2004
Coágulo y trama. Galería Soledad Lorenzo, Madrid, Spain
Open Rooms. Fundación Marcelino Botin, Santander, Spain
Open Rooms. S.M.A.K. – Stedelijk Museum voor Actuele Kunst, Ghent, Belgium
Open Rooms. IMMA – Irish Museum of Modern Art, Dublin, Ireland
2003
Open Rooms. Palacio de Velázquez, Museo Nacional Centro de Arte Reina Sofía, Madrid, Spain
Juan Uslé: New Painting. Galerie Thomas Schulte, Berlin, Germany
2002
Juan Uslé. Cheim & Read, New York, NY, USA
Juan Uslé. Galerie Ghislaine Hussenot, Paris, France
Juan Uslé First Time. Museum Morsbroich, Leverkusen, Germany
Saro on Paper: Juan Uslé. Tim Van Laere Gallery, Antwerp, Belgium
2001
Llerana y Grammarland. Galería Joan Prats, Barcelona, Spain
Quartos escuro e amarelo. Museu de Arte Contemporânea de Serralves, Porto, Portugal
Beauty & Sorrow. Galería Soledad Lorenzo, Madrid, Spain
Llerana y Gramarand, Photographs. Galerie Thomas Schulte, Berlin, Germany
2000
Distancia insalvable. Museo de Bellas Artes, Santander; Centro Cultural Caja de Cantabria, Santander, Spain
Drops, Beats and Dreams. Palacete del Embarcadero, Santander, Spain
Distancia insalvable. Centro Cultural Casa del Cordón, Burgos, Spain
Noche abierta. L.A. Louver, Los Angeles, CA, USA
Carmen del negro. Palacio de los Condes de Gabia, Diputación Provincial de Granada, Granada, Spain
1999
Blind Entrance. Cheim & Read Gallery, New York, NY, USA
Mantis. Buchmann Galerie, Cologne, Germany
Luz aislada. Galería Estiarte, Madrid, Spain
La mirada del artista. Galería Soledad Lorenzo, Madrid, Spain (with David Salle)
644 Comun. Tim Van Laere Gallery, Antwerp, Belgium (with Victoria Civera)
1998
Recent Paintings. Galerie Franck + Schulte, Berlin, Germany
Vanishing Lines. Galería Soledad Lorenzo, Madrid, Spain
With & Without Memory. Robayera Sala de Arte, Miengo, Spain

1997
Timothy Taylor Gallery, London, England (with Victoria Civera)
Galeria Camargo Vilaça, São Paulo, Brazil
Juan Uslé. Galerie Bob van Orsouw, Zurich, Switzerland
Luz aislada. Cheim & Read Gallery, New York, NY, USA
Everyday. Anders Tornberg Gallery, Lund, Sweden
1996
Back & Forth. IVAM – Instituto Valenciano de Arte Moderno, Valencia, Spain
1° de Mayo en Lund. Galería Soledad Lorenzo, Madrid, Spain
Buchmann Galerie, Basel, Switzerland
Ojo roto. MACBA, Museu d'Art Contemporani de Barcelona, Spain
Ojo roto. L.A. Louver, Los Angeles, CA, USA
1995
Lunada. Robert Miller Gallery, New York, NY, USA
Sin lugar-singular. Buchmann Galerie, Cologne, Germany
Galerie Daniel Templon, Paris, France
Mal de sol. Galería Soledad Lorenzo, Madrid, Spain
1994
The Ice Jar. John Good Gallery, New York, USA (with Callum Innes)
Frith Street Gallery, London, England
Galerie Bob van Orsouw, Zurich, Switzerland
Namaste. Pazo Provincial, Pontevedra, Spain
Peintures celibataires. Sala Amós Salvador, Logroño, Spain
Feigen Gallery, Chicago, IL, USA
1993
Haz de miradas. Galería Soledad Lorenzo, Madrid, Spain
Figuraciones tuyas. Anders Tornberg Gallery, Lund, Sweden;
Galerie Barbara Farber, Amsterdam, Netherlands
1992
Bisiesto. Galería Joan Prats, Barcelona, Spain
Festina Lente. Sala de Exposiciones del Banco Zaragozano, Saragossa, Spain
40 Ruby-22 Riviera Blue. John Good Gallery, New York, NY, USA
1991
Lado Prusia. Farideh Cadot Associés, Paris, France
147 Broadway. Galería Soledad Lorenzo, Madrid, Spain
Ultramar. Palacete del Embarcadero y Nave Sotoliva, Santander, Spain
1990
Galerie Barbara Farber, Amsterdam, Netherlands
1989
Galería Montenegro, Madrid, Spain
Farideh Cadot Associés, Paris, France
Farideh Cadot Gallery, New York, NY, USA
1988
Farideh Cadot Gallery, New York, NY, USA
Galería Fernando Silió, Santander, Spain
1987
Galería Montenegro, Madrid, Spain
Farideh Cadot Associés, Paris, France
1986
Galería La Máquina Española, Seville, Spain
Palacete del Embarcadero, Santander, Spain
1985
Currents. The Institute of Contemporary Art, Boston, MA, USA
Galería Montenegro, Madrid, Spain
Galería Windsor Kulturgintza, Bilbao, Spain
Galerie 121, Antwerp, Belgium
1984
Los trabajos y los días. Galería Ciento, Barcelona, Spain
Los trabajos y los días. Las tentaciones del pintor. Fundación Botin, Santander, Spain
Galería Nicanor Piñole, Gijón, Spain
1983
Galería Montenegro, Madrid, Spain
1982
Galería Palau, Valencia, Spain
1981
Museo Municipal de Bellas Artes de Santander, Spain
Galería Ruiz Castillo, Madrid, Spain

GROUP EXHIBITIONS (SELECTION 2013–2000)

2013
93, CGAC – Centro Galego de Arte Contemporánea, Santiago de Compostela, Spain
Mínima resistencia. Museo Nacional Centro de Arte Reina Sofía, Madrid, Spain
El arte del presente. Colección Helga de Alvear, Centro Cibeles de Cultura y Ciudadanía, Madrid, Spain
Colección Soledad Lorenzo. MAS – Museo de Arte Moderno y Contemporáneo de Santander y Cantabria, Santander, Spain
Hola! Spain. The Cube Museum / Seongnam Arts Center, Korea
De cuando el entusiasmo. Colección de Arte Contemporáneo de la Diputación Provincial de Granada, Palacio de los Condes de Gabia, Granada, Spain
On painting. CAAM – Centro Atlántico de Arte Moderno, Las Palmas de Gran Canaria, Spain
Diálogos DKV. Patio Herreriano, Museo de Arte Contemporáneo Español, Valladolid, Spain
Colección Los Bragales. Biblioteca Central de Cantabria, Santander, Spain
Tesoro Público (Economías de realidad). Colección ARTIUM, Vitoria-Gasteiz, Spain
Las huellas del camino. CAC Málaga, una década. Centro de Arte Contemporáneo de Málaga, Spain
Selecciones IV. Guggenheim Bilbao, Spain
A partir de Figura: una posible lectura de los años 80. CAAC – Centro Andaluz de Arte Contemporáneo, Seville, Spain

2012
Abstracción y movimiento. CAAC – Centro Andaluz de Arte Contemporáneo, Seville, Spain
Aproximaciones I. Arte Español Contemporáneo en la Colección Helga de Alvear. Centro de Artes Visuales, Fundación Helga de Alvear, Cáceres, Spain
Primavera. Mario Mauroner Contemporary Art, Salzburg, Austria

2011
Fiction and Reality. MMOMA – Moscow Museum of Modern Art, Moscow, Russia
Construyendo una colección, Una interpretación de la Colección Botín. Fundación Botín, Santander, Spain
Ficciones y realidades. Patio Herreriano, Museo de Arte Contemporáneo Español, Valladolid, Spain
Abstracción racional. CGAC – Centro Galego de Arte Contemporánea, Santiago de Compostela, Spain
Autour de la peinture. Farideh Cadot Associés, Paris, France
Construyendo un universo propio. Colección A.C.B. Villa Iris, Fundación Botín, Santander, Spain
Obras maestras de pintura en la Colección del IVAM. Pasado, presente y futuro. Valencia, Spain
Photography. L.A. Louver, Venice, CA, USA
Cántabros en la Colección Norte. Biblioteca Central de Cantabria, Santander, Spain

2010
Le Tableau. French abstraction and its affinities. Cheim & Read, New York, NY, USA
Outside the Box. Hammer Museum, Los Angeles, CA, USA
Palm Paintings. Buchmann Galerie, Berlin, Germany
La remor del mon. Es Baluard, Museu d'Art Modern i Contemporani de Palma, Palma de Majorca, Spain
Arte español en la colección del IVAM. Shanghai Urban Planning Exhibition Center, Shanghai, China
La línea roja. IVAM – Instituto Valenciano de Arte Moderno, Valencia, Spain
España-America. La abstracción redefinida. Galería Max Estrella, Madrid, Spain
Situations. Galería Altair, Palma de Majorca, Spain
Pintura y escultura. Galería Pilar Serra, Madrid, Spain

2009
Colección IX. El tiempo que venga. ARTIUM, Vitoria-Gasteiz, Spain
Paisatges creuats. Es Baluard, Museu d'Art Modern i Contemporani de Palma, Palma de Majorca, Spain
Poéticas del siglo XX. Museo de Arte Moderno de Cartagena, Murcia, Spain
Colección AENA, arte en los aeropuertos. Palacio los Serrano Espacio Cultural, Ávila, Spain
Cosmética dogmática. Caixa Forum, Barcelona, Spain
Familia Uslé-Civera "(1+1+1)x2=∞". Mario Mauroner Contemporary Art, Vienna, Austria
Faraway... So Close. Museu Nacional de Soares dos Reis, Porto, Portugal
Irreversible: dobre cara da colección Sánchez Ubiría. Pazo da Cultura de Pontevedra, Spain
De Picasso a Barceló. La colección Mayoral. Museo de Belas Artes da Coruña, A Coruña, Spain
De Picasso a Barceló. Fundación Caixa Tarragona, Spain
Pasión. CAC Málaga – Centro de Arte Contemporáneo de Málaga, Spain
Antes de ayer y pasado mañana, o lo que pueda ser pintura hoy. O lo que puede ser la pintura hoy. MACUF – Museo de Arte Contemporáneo, A Coruña, Spain
Traces. IMMA – Irish Museum of Modern Art, Dublin, Ireland

2008
Paixóns privadas - Visións públicas. MARCO – Museo de Arte Contemporáneo de Vigo, Spain
Out of Storage I. MUDAM Luxembourg – Musée d'Art Moderne Grand-Duc Jean, Luxembourg

2007
Nostalgia del futuro. Homenaje a Josep Renal. Museo de la Ciudad de Valencia, Spain
Colección AENA de Arte Contemporáneo, Convento de Santa Inés, Seville, Spain
Review. Galerie Thomas Schulte, Berlin, Germany
Abstraction: extracting from the World. Millennium Galleries, Sheffield, England
Visiones y expresiones. Colección de Arte Contemporáneo Fundación "la Caixa". Fundación "la Caixa", Barcelona, Spain
Beijing Art Museum of the Imperial City. Beijing, China

2006
Hot Spring...in Autumn. Galerie Krinzinger, Vienna, Austria
Paradiso & Inferno. Galerie Academia Salzburg, Austria
Mario Mauroner Contemporary Art, Salzburg, Austria
Nachsaison / Alterseason. Hachmeister Galerie, Münster, Germany
Floating Forms, Abstract Art Now. Wilhelm-Hack-Museum, Ludwigshafen, Germany

Colección 2006. CAAC – Centro Andaluz de Arte Contemporáneo, Seville, Spain
Letzte Runde / Last Call. Richard Deacon, Jonathan Lasker, Juan Uslé. Galerie Thomas Schulte, Berlin, Germany
Tiempos de libertad. Arte en España 1975 a 1990. Fundación Unicaja, Málaga, Spain
VIP. III Arena der Abstraktion. Museum Morsbroich, Leverkusen, Germany

2005
Strömungen – Wasser in der Fotografie. Wacker & Jordanov, Munich, Germany
Yankee Love and Latin Doodle. Galerie Thomas Schulte, Berlin, Germany
Colors–Stripes–Lines. Galerie Wolfgang Exner, Vienna, Austria
Experiencias. Museo de Bellas Artes de Santander, Spain
Tiempos de libertad. Arte en España 1975-1990. Caja España, León, Spain
Oronegro, Stand El Mundo (with Victoria Civera). Arco 05, Madrid Project Rooms, Madrid, Spain
Acentos en la Colección Caja Madrid. Madrid, Spain
Hit You with a Flower. Tim Van Laere Gallery, Antwerp, Belgium
Sombra y luz. Recorridos por el arte español. Instituto Cervantes, Berlin, Brussels, New York, Rome, Vienna, Belgrade, Varsovia, Tel Aviv
The Experience of Art. La Biennale, Italian pavilion, Venice, Italy
Fotografía. Galería Estiarte, Madrid, Spain
Summer Eyes / Summarize 2005. Jan Weiner Gallery, Kansas City, MO, USA

2004
Monocromos: de Malevich al presente. Museo Nacional Centro de Arte Reina Sofía, Madrid, Spain
The Widening Gyre. Rubicon Gallery, Dublin, Ireland
Nine Little Giants. Galerie Thomas Schulte, Berlin, Germany
On Painting. Jan Weiner Gallery, Kansas City, MO, USA
Fragmentos: arte del XX al XXI. Colección Pilar Citoler, Centro Cultural de la Villa, Madrid, Spain
Colección Testimonio 2003-2004. Fundación "la Caixa", Sala de Exposiciones Plaza Conde de Rodezno, Pamplona, Spain

2003
Don't Think Twice, It's All Right. Tim Van Laere Gallery, Antwerp, Belgium
Museo de museos: 25 museos de arte contemporáneo en la España de la Constitución. Museo Nacional Centro de Arte Reina Sofía, Madrid, Spain
Mano a mano: 25 años de construcción democrática. Centro Cultural de la Villa, Madrid, Spain
New Abstract Painting – Painting Abstract Now. Museum Morsbroich, Leverkusen, Germany
Distintas miradas. Museo Municipal de Arte Contemporáneo, Madrid, Spain
Watercolor in the Abstract. Curated by Pamela Auchincioss: The Hyde Collection, Glens Falls, New York, NY; Rockefeller Arts Center, Fredonia, NY; Williams Patterson University, New Jersey, NJ; Wayne N. Sarah Moody Gallery of Art, University of Alabama, Tuscaloosa, AL, USA
Before and after Science. Marella Arte Contemporanea, Milan, Italy
Abstraction in Photography. Von Lintel Gallery, New York, NY, USA
Colección Aena de Arte Contemporáneo. Museo de Bellas Artes, Santander, Spain

2002
Margins of Abstraction. Kouros Gallery, New York, NY, USA
Zen-Rosy. Von Lintel Gallery, New York, NY, USA
Galería Blancpain Stepczynsky, Geneva, Switzerland
Abstracciones 1950-2000. Fundación Telefónica, Santiago de Chile, Chile
El siglo de Picasso en las colecciones del MNCARS. Athens National Gallery, Athens, Greece

2001
Concepts of Images, New York Based Artists 2001. Galerie Academia und Galerie Mario Mauroner, Salzburg, Vienna, Austria
Camera Works. Marianne Boesky Gallery, New York, NY, USA
Liquid Properties. Cheim & Read, New York, NY, USA
Content is a Glimpse. Timothy Taylor Gallery, London, England
Colección Testimonio 2001-2002. Centro de Arte La Regenta, Las Palmas de Gran Canaria, Spain
Encrucijada. Reflexiones en torno a la pintura actual. Sala de Exposiciones de Plaza de España, Madrid, Spain
De Picasso a Barceló. La colección del Museo Nacional de Arte Reina Sofía, Museo Nacional de Buenos Aires, Argentina
Drawings. Frith Street Gallery, London, England
Shap Photographies. Baltimore Museum of Art, Baltimore, MD, USA
Visiones del paisaje. Polvorín de la Ciudadela, Pamplona, Spain
Colección DE PICTURA, Pintura española 1950-2000, Museo de Bellas Artes de Santander, Spain
Arte español de los ochenta y noventa en las colecciones del MNCARS. Museo Nacional Centre de Arte Reina Sofía, Madrid, Spain

2000
Lasker-Marcaccio, Uslé. Marcel Sitcoske Gallery, San Francisco, CA, USA
Photographs by Painters, Photographers, Sculptors. Lennon, Weinberg Gallery, New York, NY, USA
Diálogos con la fotografía. Galería Soledad Lorenzo, Madrid, Spain
Eurovision. Saatchi Gallery, London, England
Opulent. Cheim & Read, New York, NY, USA
Reconstructions: The Imprint of Nature / The Impact of Science. Baruch College, The City University of New York, NY, USA
Universal Abstraction 2000. Jan Weiner Gallery, Kansas City, MO, USA
Painting Language. L.A. Louver, Los Angeles, CA, USA
Colección de Arte Contemporáneo Fundación "la Caixa". Pasajes de la colección en Málaga. Sala de Exposiciones del Palacio Episcopal de Málaga, Spain
Visiones de la Colección de Arte Contemporáneo de la Fundación "la Caixa". Fundación "la Caixa," Palma de Majorca, Spain

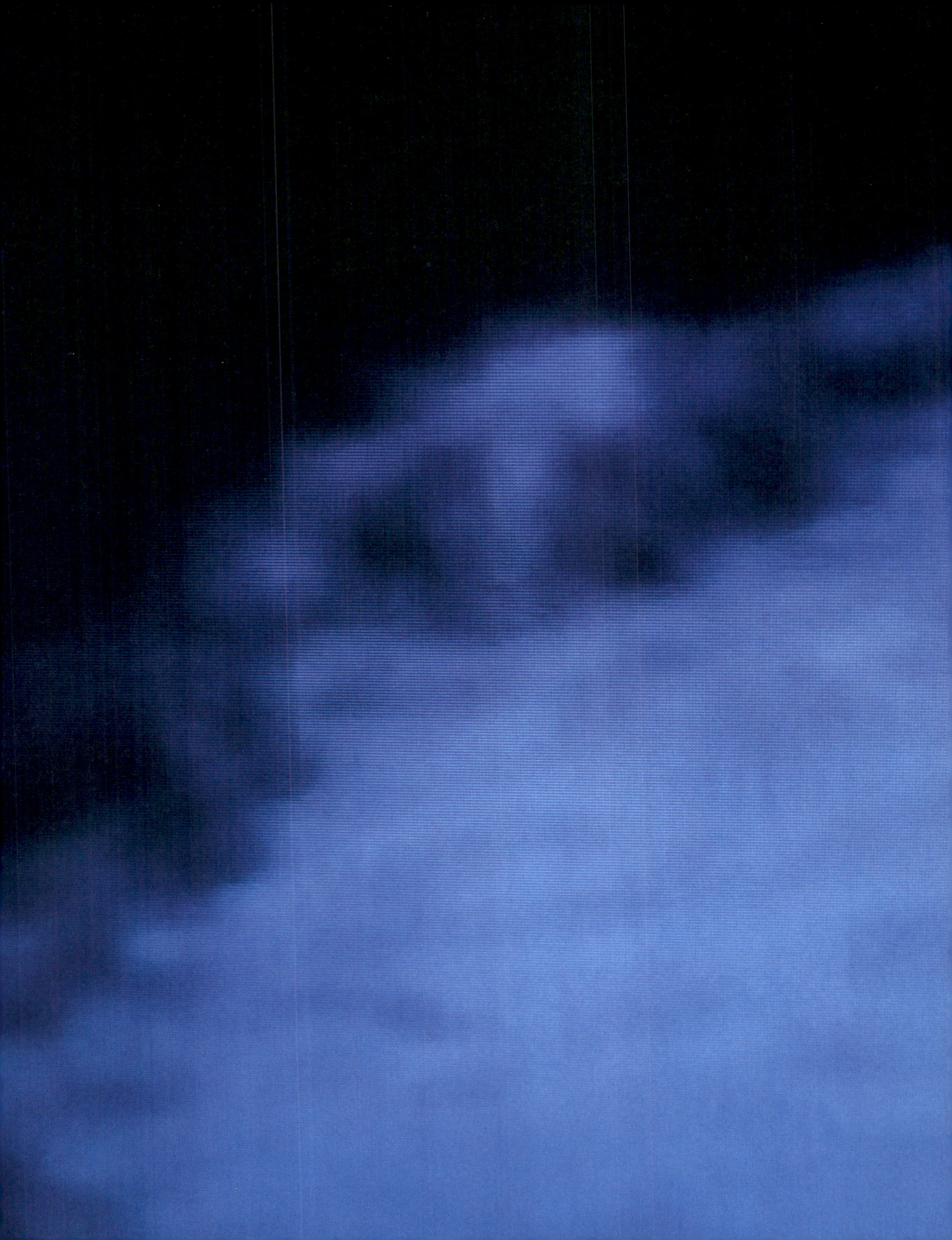

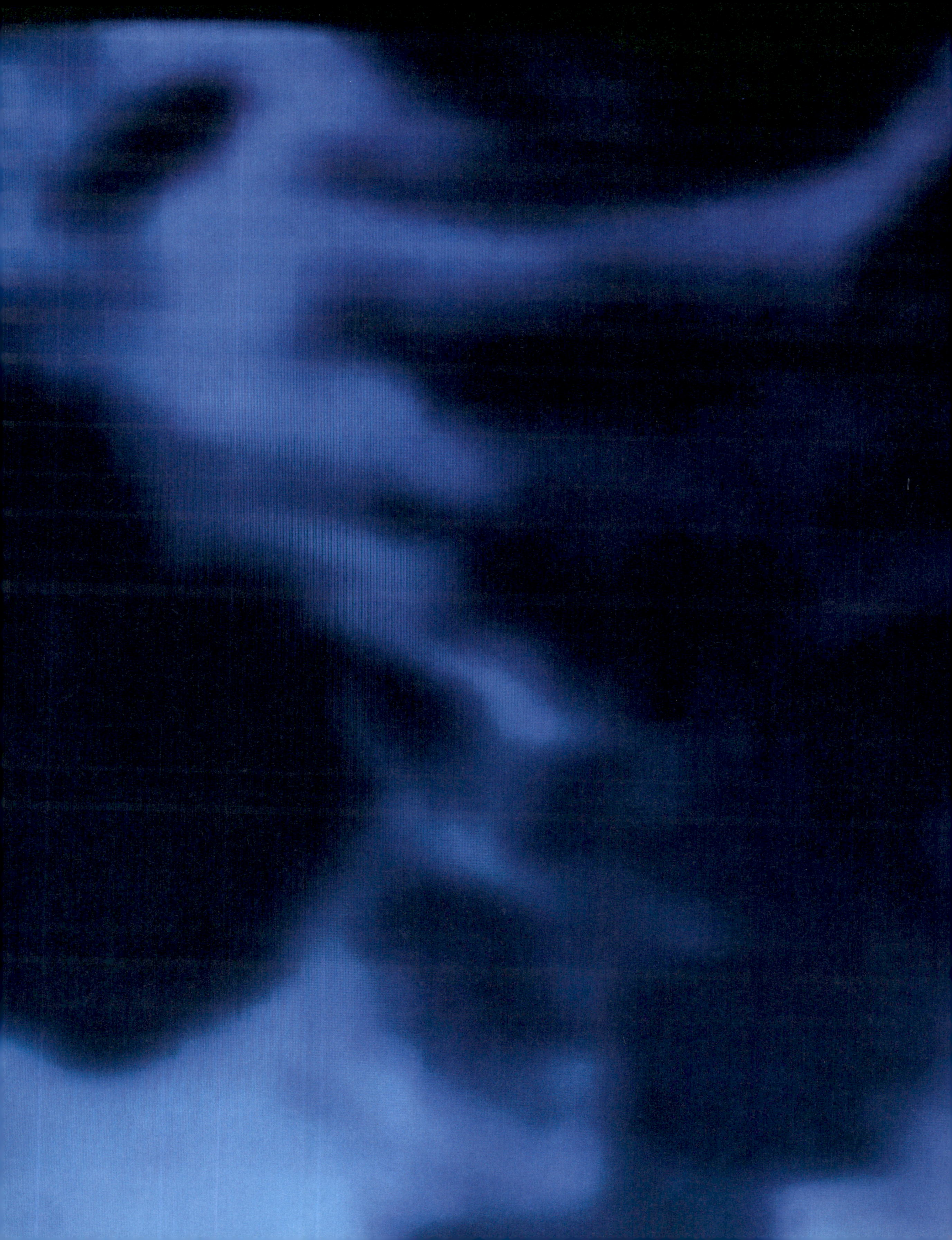

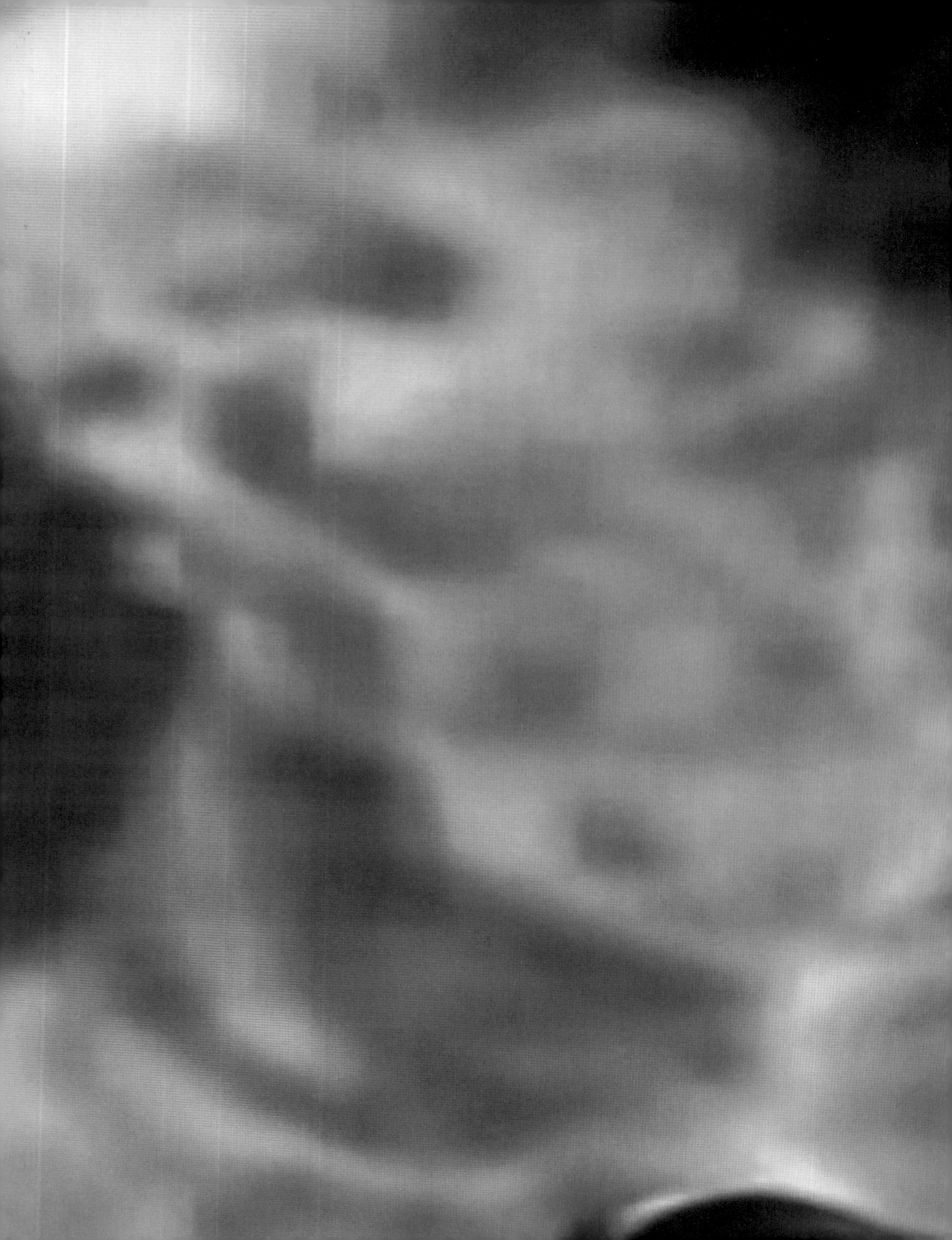

IMPRESSUM

This catalogue is published in conjunction with the exhibitions

Juan Uslé – Dunkles Licht / Luz oscura / Dark Light

Kunstmuseum Bonn
February 27 – May 25, 2014

CGAC – Centro Galego de Arte Contemporánea
Santiago de Compostela
July 4 – September 28, 2014

KUNSTMUSEUM BONN

Director
Stephan Berg

Deputy Director
Christoph Schreier

Curators
Volker Adolphs, Stefan Gronert, Irene Kleinschmidt-Altpeter

Press and Public Relations
Theresa Viehoff-Heithorn

Marketing
Anne Fischer

Museum Education
Sabina Leßmann

Administration
Gabriele Kuhn, Vera Scheel

Office
Iris Lölsberg, Kristina Georgi

Registrar
Barbara Weber

Heads of Workshops
Reinhard Behrenbeck, Martin Wolter

Exhibition Technology
Josef Breuer, Eberhard Wagner

Art Conservation
Antje Janssen, Nicole Nowak

KUNSTMUSEUM BONN
Museumsmeile
Friedrich-Ebert-Allee 2
D-53113 Bonn
T +49 (0)228 776260
F +49 (0)228 776220
kunstmuseum@bonn.de
www.kunstmuseum-bonn.de

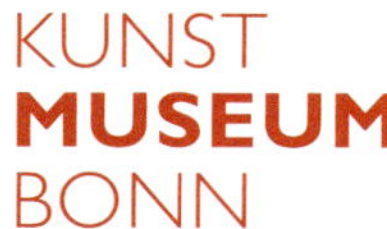

CGAC

XUNTA DE GALICIA
President
Alberto Núñez Feijóo

Regional Minister for Culture, Education, and University Planning
Xesús Vázquez Abad

General Technical Secretary
Jesús Oitavén Barcala

Secretary General for Culture
Anxo M. Lorenzo Suárez

CENTRO GALEGO DE ARTE CONTEMPORÁNEA
Director
Miguel von Hafe Pérez

General Manager
Pepa Fuentes García

Director's Office
Rocío Leiceaga, Silvia Viaño

Exhibitions
Christina Ferreira, Yolanda López, Cruz Provecho

Registrar and Collection
Teresa Jácome, Lourdes P. Seoane, María José Villaluenga

Conservation and Restoration
Thaïs López

Activities and Educational Projects
Gema Baños, Cristina Trigo, Virginia Villar

Publications
Elena Expósito, Cecilia Labella

Library and Documentation Centre
Carmen Bouzas

Administration
Francisco Xosé Chas, Aurelio Gianzo, Rosa María Sánchez, Enma Tarrío, Fernando Taboada

Installation Crew
Carlos Fernández, David Garabal

Maintenance Manager
Silvana Vilar

Reception and Gallery Staff
Isabel Cabanas, Carmen Hermo, Luisa López, Eusebio Rey, M.ª Florinda Vega

CGAC
CENTRO GALEGO DE ARTE CONTEMPORÁNEA
Rúa Ramón del Valle Inclán 2
15703 Santiago de Compostela
T +34 (0)981 546 629
F +34 (0)981 546 625
cgac@xunta.es
www.cgac.org

CATALOGUE

Editor
Stephan Berg, Kunstmuseum Bonn

Design
Magnus Neumeyer

Texts
Stephan Berg, Ángel Gonzaléz, Raphael Rubinstein

Translations
Gerrit Jackson (pp. 11, 53–56, 145–148), Isabel López Nuño (pp. 97–104), Katja Naumann (pp. 57–63), Laura Shuffield (pp. 153–158), Ana Soler Miquel (p. 10)

Copy Editing
DISTANZ Verlag, Frederik Kugler

Image Editing
max-color, Berlin

Production Management
DISTANZ Verlag, Sonja Bahr

Production
DZA Druckerei zu Altenburg GmbH

© 2014 Juan Uslé, the authors, Kunstmuseum Bonn, Centro Galego de Arte Contemporánea (CGAC), and DISTANZ Verlag GmbH, Berlin

Photo Credits
Bill Orcutt: SQR I, III, IV, V, VI, XVII, XVIII, XIX, SQR (Éufrates`, SQR (Lena), SQR (Saja), SQR (Ucayali), SQR (Yukon)
Christopher Burke: SQR II, SQR VII, SQR VIII (Bocanegra), SQR IX (Ikuros dream), SQR XI (Airport), SQR XVI (Humo), SQR (Guadiana) SQR (Tigris)
Pablo Zamora: SQR (El reflejo), SQR (Faraway), SQR (El invitado), SQR (El despertar), SQR (El puente)
Oronoz: SQR X, SQR (Jarama), SQR (Onon)
Mathias Schormann: SQR (Travesía), SQR (Inquieto), SQR (Galope), SQR (Kaspar), SQR (Abierto); SQR XII, SQR XIII (Bocanegra), SQR XV
Pedro F. Palazuelos: SQR (Tajo)
Stephen White: SQR (Movedizo)
Brian Buckley: SQR (Nu)
Jorge Fernández Bolado: SQR (Plomo y luz), SQR (Congo), SQR (Mississippi), SQR (Tana), SQR (Volga)

Distribution
Gestalten, Berlin
www.gestalten.com
sales@gestalten.com

ISBN 978-3-95476-053-4
Printed in Germany

Published by
DISTANZ Verlag
www.distanz.de

Exhibition and catalogue kindly sponsored by
Galerie Thomas Schulte, Berlin

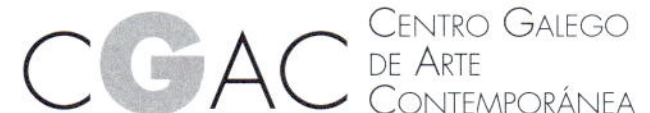
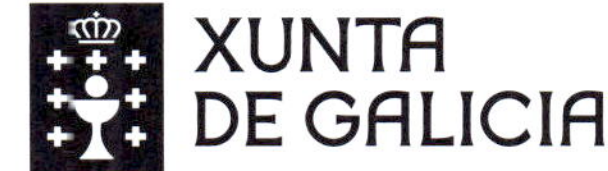
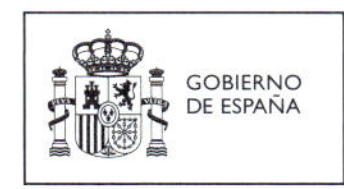
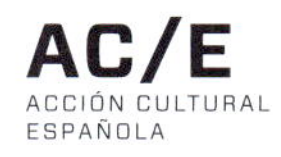
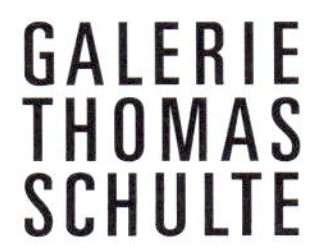
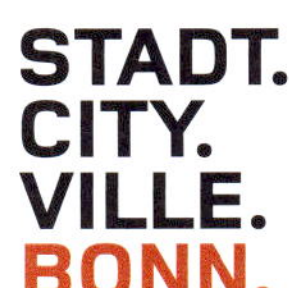